有錢人都在做的
100 件事

尼格爾．康貝朗

僅以此書，
獻給小犬 Zeb、我的繼女 Yasmine，
以及所有想要創造滿意財富
並過具有意義的人生者，
願你們都能找到
通往財務自由與成功人生的獨有道路。

聚沙成塔，積少成多。
——坦尚尼亞諺語

目次

專序推薦：微小的好習慣成就不凡的人

此書所談的有錢人都在做的一百件事，浮現腦海是我很喜歡的一部電影《金牌特務》（*Kingsman: The Secret Service*），其中由英國知名演員柯林．佛斯所飾演的老紳士特務Harry，在電影中說出一句經典台詞：Manners Maketh Man.（「禮儀，成就不凡的人。」）Manners是行為舉止，Man意指受人尊敬者，實際上並無關乎性別。書中談論的一百件事，影響力和後座力極大，攸關一個人是否能夠成就不凡的完整人生，而不僅僅是擁有財富而已。

本書所援引的知識，是作者二十多年來在世界各地親自輔導客戶的經驗，其層面包括富有的執行長到奮鬥中的企業家，全職的投資者和剛展開職涯的新鮮人亦羅列其中，透過大量的互動及觀察，凝聚成作者在五十多年歲月中所累積的專業智慧，梳理出成為一位成功者最重要的一百件事，也可以說是一百種習慣的行為模式，書中為每一件事都提供了具體的行動方案，使讀者簡單易懂、易於執行，也因而容易內化為日常生活的習慣。

我認為，此書很適合作為床頭書，每天看三、四則，一個月左右就可以把整本書看完，同時在每一天的生活中去親自實踐這些觀念與行動方案，以利達到內化，假以時日習久成性，內建這些成功者的好習慣，那麼未來人生一定會往好的方向加速發展。

此書所談的一百件事，開頭以基礎財務觀念和生活習慣建立為主，愈到後面單元，則愈偏重人生哲學，例如第一百篇「這一切都值得嗎？」是我最喜愛的部分。作者建議從今天開始，停止對過去或當下的事感到後悔，停止感到沮喪和有愧於心，需要做什麼，今天就馬上去做，而不是等到人生最後徒留遺憾（我們永遠不會知道明天和意外何者先至），尤其要聚焦在這三方面：時間與夢想、家人與關係、道歉與肯定。這確實也是近幾年我獲得財務自由之後，最珍惜，也最不願意讓它們悄悄溜走的！

《荀子·勸學》提到「物類之起，必有所始；榮辱之來，必象其德。」無論你欣賞哪一位成功者？欣賞他們常在做的是哪些事？這本書或多或少都會有所涵蓋，無論我們能夠從這一百件事當中學會幾件？內化了幾件？終究會蛻變、遇見更美好的自己。

莫以善小而不為，莫因小習慣而不在意，往往這些微小的習慣差異，經過數十年的長時間複利效果發酵之後，將會出現巨大的不同！願我們都能夠從此書，獲得一些微小的改變，成就一個不凡的自己。

願善良、紀律、智慧與你我同在！

——暢銷書《一個投機者的告白實戰書》、《高手的養成》、《散戶的50道難題》作者／安納金

前言

「賺了錢再花錢。思考了再投資。堅持了再放手。存了錢再退休。付出了再離世」。

財務成功對你而言有何意義？有錢有多重要？

你在財務上成功與否，除了考量你的個人需求、目標與夢想，也涉及你生命中重要之人的需求、目標與夢想。

你拿起這本書就是想要創造財富，既然如此，我們先來剖析並思考財務成功意謂著什麼。你可能想要：

- 買房並盡快繳完貸款。
- 累積足夠的投資收益，以便從正職退休。

- 創造充足的儲備金，讓子女能享有最好的教育。
- 資助夢想的生活方式，像是成為音樂家或主廚。
- 建立房地產投資組合並以租金收入為生。
- 還債。
- 擁有足夠的股票、股份和金融投資，靠股息為生。
- 擁有酷炫的跑車。
- 獲得財務上的安全感。
- 成立基金會回饋社會。
- 留大筆的遺產給子女。

我輔導過的個案高達數百位，你能想像到的各種財務夢想，我都聽聞過；你在創造財富路上所遇到的種種挑戰和難關，我也全都洗耳恭聽過。

有一件事非常明確，那就是太多的人花了太長的時間去儲蓄，卻存得太少又花費太多。連在帳面上**應該**非常富裕的人結果都活在債務之中。你鮮少遇到有人可以滿懷信心地宣告：「我已達成我的財務目標，創造了足夠多的財富。」

這本書是你坐下來好好思考人生目標、未來夢想和願望的契機，問問自己想要過怎樣的生活，想要如何在世上度過剩餘的人生。這也是你羅列財務上的所需，探索自己受誰、受何驅使的機會，並思索自己願意為了追求財富而付出哪些努力。

這是一本指南，透過一百篇短文，你將學會完成**你的**財務夢想藍圖所需要的那些拼圖。你會透過下列主題去探索財富對你有何意義：

- 目標和夢想
- 心態和行為
- 人際關係
- 時間範圍
- 財富類型

- 投資行為
- 成功和挫敗
- 工作和退休
- 幫助和付出

如何使用本書？

本書各章分別提出一個新點子，幫助你更接近你的目標。開頭會先講解這個新點子，接著列出大大小小的行動方案，讓你從今天就可以起而行。

不要輕忽這些行動方案，它們是專門設計來培養你所需的最佳心態、習慣、本領、人際關係和行為，以便將財務成功的機率最大化。其中有的會讓你感到訝異，有的會讓你覺得有挑戰性，有的則看似簡單明瞭。這些創造財富所需的技能組合都很重要。完成這些任務，可以幫助你養成財務成功的必備心態，以及聚焦於累積財富的「待辦清單」。這些任務並非一蹴可幾，很少人願意投入所需的時間與心力，但財務成功的人則會戮力執行。

根據你的財務狀況和目標，你會發現很多任務具有即時性，有些則沒那麼緊急。如果一個點子或建議當下似乎無濟於事，那就先擱置一邊，日後再回頭重新評估。

我憑什麼談論財務成功？

本書所援引的知識，是我二十多年來在世界各地輔導客戶的經驗所得，從富有的執行長到奮鬥中的企業家、再到全職的投資者和剛展開職涯的新鮮人，他們的背景各異，財務夢想也大相逕庭。在創造財富的旅程上，他們有許多心得要分享。

他們的經驗，加上我在五十多年歲月中所累積的專業智識，以及從個人的財務高低潮所學到的深刻教訓，成就了這本書。我的經歷概述如下：

- 投資自己的財務技能，成為英國特許管理會計師協會會員。
- 鞭策自己在二十六歲就當上富時（FTSE）百大公司的區域財務主任。
- 大學投資若干新創公司——有的慘敗，有的成功，好比二〇〇六年將亞洲的徵才事業售予瀚納仕（Hays plc）這家英國最大的人事顧問公司。
- 與妻子共同創立了房地產開發事業的副業，投資和翻新位於各地的房地產。
- 出書創造經常性收入，包括版稅。
- 最重要的是，學習與財富建立有意義的關係。財富的存在是為了幫助我過一個圓滿且有意義的人生，並讓我能幫助他人去達成相同的事。

從我與客戶共事和個人的經驗中，我梳理出最重要的一百件事，你必須付諸實行才能達到財務上的成功，並為自己和周遭的人創造出富饒且充實的生活。

在追求財務成功與自由的路上，祝你好運。希望本書的建言能幫助你過真正應得的人生。

1

你為什麼想要致富？

「是時候決定，你想過什麼樣的生活了。」

你為什麼想要閱讀這本書？想成為百萬富豪，或者只是想停止為錢煩惱？這個問題看似不重要，但除非你真正了解自己的動機，否則無法為自己的財務未來擬定清楚的目標。

在我輔導客戶時，聽過各種追求財富的五花八門理由：

- 「我不想讓子女經歷我年輕時體驗過的窮困。」
- 「我想要擺脫天天拮据度日的困境。」
- 「我想要過得比兄弟姊妹好。」

- 「我要比大學時期的朋友更成功。」
- 「我的未來待辦計畫和夢想必須仰賴金錢。」
- 「我想要有錢到能與別人分享。」
- 「財富有助於讓我感到受重視和增加自信。」
- 「我有債務要償還，也夢想成為以房養房的房產大亨。」

理由視個人需求而有所不同。它可能涵蓋在這份清單裡，也可能跟它截然不同，沒有對錯可言。然而，不管你想要建立財富的動機是什麼，也不論它看起來多麼微不足道、或只是為了滿足私欲，認清自己的動機才能掌握自己受何驅使、受何影響，不至於渾噩度日，不知道把人生焦點放在哪裡。

> 為了錢而賺錢容易迷失生活焦點，必須摸清建立財富對你個人有何意義。

行動方案

條列想要創造財富的理由

拿張大白紙畫出心智地圖——針對你為什麼想要比現在富有，以互連的方式羅列出所有可能的理由。

為了幫助你完成這張地圖，不妨想想你會如何回答下列問題：

- 你有什麼未實現的夢想與渴望？
- 十年、二十年或三十年後，你想要過什麼樣的生活？
- 你目前的生活有哪些方面還算寬裕？或是哪些方面的財務有點短缺？
- 你是否拿自己跟別人比較？想向別人看齊？
- 你是否試著避免某些狀況，例如父母或朋友曾經陷入的財務困境？

花些時間琢磨，擬列出你專屬的清單，並且在有新想法和目標時回頭更新。

你要依據哪些理由來行動？

一旦擬定清單，接著就是審視並辨識出對你最重要的理由了。做這件事的時候必須對自己誠實。你要認清自己重視的核心價值，並且對驅使你行動的理由感到自在。

假如你發現難以聚焦在什麼才是最重要的，不妨試著從不同的視角切入。有沒有哪個理由使你感到不自在？當驅使你的動機是光鮮亮麗的面子問題，而非實質的重要事情，你有沒有可能消除這種負面感受？

跟摯愛的人及朋友談談

也可以傾聽他人的意見來檢視自己動機的合理性，或者與他人一起擬定你的心智地圖。他們的意見肯定會讓你感到驚訝，並促使你進一步思考。

2

財富對你有何意義？

「財富是用來確保你過上自己想望的日子。」

當你想到富裕，腦海中會浮現哪些思維和感受？你是否想到一種幸福狀態，每天的壓力都奇蹟般地消失，你可以盡情地去追尋夢想？

就我的經驗，這通常是人們對富裕一廂情願的想像。等到他們深入去思考，就會發現美好的表象下潛藏著出人意表的煩惱。

瞧瞧下列的清單——這些都是取材自我輔導的客戶。

對富裕的典型第一印象

「我能過上夢想的日子。」

深入思考後的反應

「我對自己要做什麼感到迷惘。」

「我可以自在地做自己。」
「我可以炫富。」
「我能做任何想做的事。」
「別人會樂意與我交友。」
「任何好事都可能會發生。」
「我不會再有與錢相關的恐慌。」
「我總算別無所求了。」

「我會迷失自己。」
「其他人會嫉妒。」
「我會不知所措。」
「其他人會覬覦我的錢。」
「我不知道如何開始規劃生活。」
「我沒把握可以把錢打點好。」
「這筆財富好像不是我應得的。」

幾乎每個人都能為想要富有提出美好且有意義的理由，但當你實際去勾勒有錢之後的生活藍圖，第一印象瞬間就可能變得五味雜陳。

這種足以反轉人生的事，會衍生出從希望、喜悅到憂慮、恐懼等複雜感覺，是再自然不過的事了。重要的是，你要去琢磨自己的諸多情緒，確保自己可以心無罣礙地享受財富。

行動方案

對自己誠實

我們來進行字詞聯想演練，最好在一大張的空白紙上，把下列詞組分別寫下來，一次寫一個。

- 賺錢
- 變得更有錢
- 管理和打點財富
- 富裕

它們各會使你產生哪些振奮的正面思維與感受？它們是否會引發憂慮、煩惱的負面思維與感受？請把相關的詞組全部寫在紙上。

反思自己所寫的內容。無須對自己的任何思維和感受感到訝異或難為情，人性原本就是兩面兼具，美好與焦慮可能同時並存。

對於那些有激勵作用的正面感受，請與它們保持親密關係，並在追求財富的旅程中定期造訪它們，有助於你專注於財務目標。

對於可能產生的憂慮、恐懼和煩惱，你可以在研讀本書的過程中加以琢磨。

> 如果你不清楚致富會讓你產生何種想法和感受，也不用過於鑽牛角尖。

3

你想要多富有？

「這世界充滿了財富，你只要出門把你的那份弄到手。」

你什麼時候才會夠有錢？這是個百萬美元的問題。更準確來說，是兩百四十萬美元的問題。二〇一七年，金融服務業者嘉信理財（Charles Schwab）訪問了一千位年齡介於二十一到七十五歲的美國人，發現平均而言，受訪者需要擁有一百四十萬美元才會在財務上感到自在，兩百四十萬美元才會自認富有。

二〇一七年，另一項出自薪資基準網站（emolument.com）的調查指出，平均二十多歲的英國勞工認為，如果每年賺進九萬三千英鎊（大約三百四十萬台幣），他們就會覺得自己富有，較年長的勞工則將金額提高到每年三十七萬英鎊（大約一千三百萬台幣）。

這些數字因國家而異，反映出不同的生活成本。同一項調查顯示，印度勞工每年可賺進相當於兩萬五千英鎊（大約九十萬台幣）時，他們就會覺得自己富裕。

你或許已經猜到了，何謂富裕並沒有單一的答案。重點在於，財富對你有何意義，以及你要將自己的財務目標設定在哪兒。

行動方案

為自己訂出目標

我一向很喜歡《愛麗絲夢遊仙境》裡的想法，假如你不知道自己的目的地，那麼選擇任何一條路都沒有差別。靠著賣力工作、

> 擁有多少錢才會讓你滿意，是非常個人的決定。

儲蓄並拿收入去投資，你十之八九可以變得比現在富有。但你最後會走到哪裡？能不能財務自由到足以退休、周遊世界、做公益，以及資助子女？

為了過上夢想中的人生，你必須大略估算出自己需要創造多少財富。不妨思考一下你需要為哪些事情籌備資金、想要購買哪些物品，以及想擁有多少儲備金。

- 你需要支付哪些關鍵費用？例如房貸、小孩的大學教育基金、醫療費用，或是每年的旅遊基金。
- 你是否想達到一定程度的年收入——收入是來自投資和資產，而非工作薪資？
- 你是否有全面性的財務目標，像是嘉信理財調查中的受訪者？

如果估算不出精確的數字也不用擔心，這對我來說同樣吃力。取而代之的是，我為自己設定一個目標：確保自己的財富年年增加，可以依靠自己的財富生活，而不必賣掉任何投資商品。

與財務顧問討論

不妨找個合格的會計師（CPA）或獨立財務顧問（IFA）和你一起商量。利用Excel試算表或線上軟體，專業人員可以協助你把財務需求標列出來，並估算出在指定的時間範圍內，你需要累積多少財富。

4

這是你應得的

「想要什麼就跟宇宙下訂單。如果你真心相信，它就會被送到你手上。」

無論你認為自己會成功或失敗，你最終都會心想事成。你的人生如何開展，關鍵就在於相信自己。簡單來講，你會成就你相信自己可以做到的事情。

太多人為了生活與金錢掙扎，找不到困境的出路，於是停止相信會有其他的結局。雪上加霜的是，我們往往都是對自己最嚴厲的批評者。每當我聽到相關的故事，總覺得不勝唏噓：

- 有才華的音樂家不相信自己能在音樂界有一席之地，改從事其他工作掙扎著要打平開銷。

- 自我設限的資深銀行家，自認無法勝任高階職位。

有人說，讓夢想變得遙不可及的唯一阻礙就是自己。要變得富裕，你必須相信財富是你**應得**的。

學習和練習建立自信，你才能為累積財富扎下穩固的根基。

行動方案

對自己誠實

光是心繫自己的財務目標並不足以成事。你可能會發現，自己對財富的感受包含自我懷疑、甚至是惶恐。這些負面感受需要

> 世上充滿了「差點成功」和「原本可以成功」卻被自我懷疑扯後腿的人。

誠實以對，要是放任不管，它可能會擴大致使你走偏。

跟別人聊聊有助於你消除內在的雜音。打開心胸跟你信賴的人聊聊心中的不安，剖析自己的思考模式並檢視它的合理性。透過這種做法，你八成會發現你的焦慮其實再正常不過了。畢竟你正在離開習以為常的舒適圈，肩負起建立財富的使命，惶恐和憂慮自然會相伴而來。

尋求幫助和支持

如果你發現以上做法還是難以克服不安，或是苦於無法建立自信，不妨求助於認知行為治療（CBT）的輔導員或治療師。我在工作上運用過多年的認知行為治療，它有助於改變造成負面感受與信念的行為和思考模式。隨著這些模式的轉變，你的感受也將截然不同。

透過一系列的一對一交談改善情況，但要有心理準備這類治療並非一蹴可幾。

5

設定清晰的目標和計畫

「每個令人刮目相看的成就，皆是以一個簡單的目標在生活中開展——目標接著變成一個具體的行動計畫。」

創造財富並非偶然發生，關鍵在於計畫。根據二〇一八年資產管理業者美盛（Legg Mason）的調查，七七%的投資人表示，他們在存錢和投資時心裡存有明確目標。倘若你不是會認真擬列待辦事項的人，是時候改變了。

在累積財富的路上，且戰且走並非上策。很有可能你會把大把精力花在不會使你更接近目標的瑣事和人身上。現在開始跟細節和計畫交朋友吧。

計畫就是一連串的決定。有意識地選擇、安排如何運用你的精力、時間和其他資源。這是個耗費心力的過程，要確保自己考量到所有的細節。出乎意料的好運向來有它的一席之地，但當你認真看待計畫時，往往會促進好運的發生。

行動方案

計畫是從詳細的目標開始

再次回想你的財務目標，它們聽起來或許有點空泛，像是「我想要一百萬美金的存款」、「我想要提早退休」或「我想要有很多房地產」。**無妨**，這些都只是你的起點。

利用SMART架構，把這些目標轉化為可執行的細節。對於每個目標都要自問，它是否：

- 夠明確（**S**pecific）和清楚。

- 可衡量（**M**easurable），以便你知道自己是否達成目標。
- 可行（**A**ttainable），若是原本不可行，你如何使它行得通。
- 切實（**R**ealistic），符合你的現況和生活。
- 可以設定期限（**T**imeframe），清楚標明「達成」日期。

原本空泛的「擁有很多房地產」目標，或許就可變成下列的細節：

我的房地產目標：

- 管理百萬美元的房產投資組合……
- 在接下來的五年裡……
- 透過買進若干小型的出租物業……
- 在大學城……

> 財務成功有可能在計畫之外憑空降臨，你或許會中樂透，但即便是樂透得主也需要仰賴計畫來防止財富從指間溜走。

- 申辦銀行抵押貸款融資……
- 用存款付訂金……

戴上專案管理的帽子

你可以為每個SMART目標制訂更周密的計畫，把目標拆解為每季或每月的次要目標。你可按週或按月規劃來製作甘特（Gantt）圖，以便掌握你需要去執行的任務。

6

當事情好到難以置信，八成是假的

「走捷徑要當心，它可能把你帶進死胡同。」

當眼前的機會牽涉到金錢，聽起來又好到難以置信，那八成就是假的。累積財富沒有魔法藥水或捷徑。

我們現今的生活幾乎在每方面都追求速效，使我們變得缺乏耐性，「靠投資把錢翻倍」的詐騙訊息即使司空見慣，也照樣有可趁之機：

- 龐氏騙局或老鼠會允諾你豐厚的年報酬，或者每年一〇%至二〇%的獲利。你很少察覺這些報酬的唯一來源就是新進投資人的錢，並無真正的投資在進行。
- 「取得遺產」的求助。你可能會接到某人的來信或電話尋求協助，他們繼承了數百萬美元，需要向你借錢來支付手續費以便取得遺產。

- 其他「好到難以置信」的機會，好比投資金礦或某家新創公司的新科技發明。

無論聽起來多有說服力，只要是鼓吹無風險投資、保證報酬或吹噓「投資萬無一失」時，都要提高警覺它可能會失利，而且八成一定會。

行動方案

避免急功近利

無論你多迫切想要扭轉自己的財務，都千萬不要跳進來路不明或可疑的投資裡。貪婪會讓你失去理智，傾心那些承諾快速獲利或高額報酬的投資。不管你有多麼龐大的財務壓力，都先試著停下腳步沉澱一下再說。

心存疑問就尋求建言

盡量經由銀行或其他聲譽良好的財務顧問來進行投資。千萬不要聽信電話行銷或是不知名的垃圾郵件。如果他們聲稱是代表銀行來電，請打電話去向銀行查證。

各個國家的金融行為監管機構都非常關切詐騙，通常會製作網頁提供建議以及協助專線，幫助那些擔心自己將會或是已遭到詐騙的人。匯出任何款項之前，請先打通電話求證。

除了詐騙的風險外，投資來路不明的生意有可能使你被控違法。我將在本書後面詳談這點。

> 如果關於金錢的事聽起來好到難以置信，那八成就是假的。

7

財富不能保證幸福

「真正的財富是由圓滿的片刻、體驗與人際關係構成的富裕生活。」

擁有額外的金錢**的確**會比較開心，起碼當你從低基數起算時是如此。普度大學（Purdue University）的研究人員證實了這點，他們針對六十四國的一百七十萬人做了大規模調查，並將結果發表在同儕審查的國際科學期刊《自然》（*Nature*）上。他們斷定，每年賺約七萬五千（大約二百二十萬台幣）到九萬五千美元（大約二百八十萬台幣）時，人會最開心。

一旦你富裕到銀行存款的增加再也不會使你感覺更好時，不用感到訝異。《自然》期刊上的研究與其他的相關研究發現，人對生活和福祉的滿意度會隨著年收入超過九萬五千美元而下降。

這有點令人意外，對吧！一般而言，我們總覺得愈有錢愈開心。

更多的財富為什麼無法使你更快樂，理由至少有三點：

- 伴隨更多錢而來的是更多壓力。你擁有的愈多，必須管理和保護的就愈多。其他人對待你的態度或許也會隨著你的富裕而有所不同，他們想要從你身上得到更多。
- 擁有更多的錢也可能衍生出喜歡跟他人比較的心態，進而產生羨慕或嫉妒的心理。一開始就不要踩上「比較」的滾輪，有時反而比較好。
- 擁有更多錢容易使你對到手的東西很快感到厭倦。有能力買一部全新的跑車或在自己的滑雪小屋度假會讓你感到開心，但所有的證據都顯示，快樂程度會在你習慣了這些東西後開始下降，經濟學家把這種現象稱之為「享樂滾輪」（hedonic treadmill）。

行動方案

一開始就認清自己的快樂源頭

在開始累積或享用財富前，先認清令自己感到開心和圓滿的源頭，它們或許是：

- 擁有某些人的陪伴，比如家人、朋友、鄰居或同事。
- 幫助有需要的人。
- 有充實的給薪工作。
- 有空閒時間可以從事活動、嗜好與消遣。
- 在喜愛的地點和環境中消磨時光。

把財富投注在快樂的源頭上

富裕和快樂兼顧的祕訣，就是確保自己把增加的財富投資在為你帶來圓滿和喜悅的事物上。把錢花在家人共處的時光、子女的教育、慈善工作、有意義的職涯或美好的旅行，讓財務成長合乎更深層的目的。

如果「炫富」會使你開心，那就該煩惱了

如果財務上比他人成功會讓你「很嗨」，導致你胡亂揮霍只為了炫富；如此一來，你的行為舉止無異是受虛榮所驅使。從富裕或比他人有錢來尋求開心和滿足，對你並無益處，也得不到絲毫的意義。最後有可能淪落為狄更斯（Dickens）筆下的《小氣財神》

> 金錢並非快樂的源頭，不用逼自己現在就相信這個說法。

（*A Christmas Carol*）主人翁埃比尼澤·史古基（Ebenezer Scrooge）。[1]

註1：埃比尼澤·史古基在小說一開始是個不折不扣的守財奴，既冷酷又無情，三個分別代表過去、現在與未來的幽靈在聖誕夜造訪他，他才下定決心痛改前非。

8 不如起而行

「開車的唯一方法，就是啟動引擎並鬆開手煞車。」

累積財富需要時間，推遲愈久就愈難達成。很多人不停跳過投資機會，或者對於財務規劃的典型反應是「以後再說」，這是因為花錢很容易、很有趣，制訂計畫而**不去**花錢則鮮少有樂趣可言，起碼表面上是如此。

這是個大錯誤——不及早加入戰局，是導致人們無法財務成功最關鍵的一件事。

拖延的理由有很多：

- 財務吃緊，把日子過下去為優先。
- 並非全然了解眼前的投資機會。

- 沒有時間制訂長期的投資計畫。
- 自己還年輕，無須煩惱未來。
- 對未知的事物感到惶恐。

有時候，慢一步就意謂著錯失良機。愈早開始讓錢替你工作，無論是儲蓄、投資股票或房地產，你就會愈快達成財富目標。

行動方案

是什麼把你絆住

在累積財富的路上，是什麼絆住了你？請想想自己如何進行財務決策，在拖延的背後是不是具有某種模式？

- 你難以跳脫現在並思考未來？
- 你對於走出習以為常的舒適圈、踏入未知感到煩惱？
- 你是否厭惡風險？

若非現在，那是何時？

我們通常都可為拖延想出很好的理由——畢竟投資牽涉到風險。本書的建言將幫助各位做出明智的財務選擇，在風險與機會上取得平衡，以便能抓準時機。

如果拖延對你來說是起因於困惑、工作繁忙或害怕行動，花些時間向理財顧問討教會有所助益。

> 愈早開始累積財富，你離目標就愈靠近。

今天就出手

如果你拖延的財務計畫是像購買第一筆房產的重大決定，請將你所需要的參考資訊、必須執行的任務擬成清單。把目標拆解成較小、較容易執行的工作項目，有助於你踏出第一步。

9

根據預算追蹤支出

「預算有助於向你展現，你的錢是從哪來以及會往哪去。」

追蹤支出可能很費工。有些付款是透過信用卡，有些是直接付現，你很難在單一帳單上看到所有的開銷。

如果你不是會管控家庭開銷的人，知道自己並不孤單也許會好過些。蓋洛普（Gallup）在二〇一三年的調查中發現，只有三二％的美國人會編列某種家庭預算。很多人都不清楚到了月底，自己有沒有足夠的錢來付帳單，遑論是否有剩。

但如果不把預算放在心上，你就會有超支的風險。根據英國國家統計局（Office for National Statistics）的報告指出，二〇一七年是英國家庭三十年來首次開銷大於收入，平均落差是九百英鎊（大約三萬二千台幣），我打賭大部分家庭都沒注意到這件事。

忽略每個月的花費是鴕鳥心態，更糟的是，對自己的財務處境一無所知就無法開始累積財富。

行動方案

追蹤實際的現金流

即使你正在閱讀本書，也不表示你如自己所想的那麼精通數字，而這一點即將改變。這一章是為將來的財富打基礎的地方，你要開始將金錢流向不間斷地記錄下來。

就這一點而言沒有固定規則，你覺得怎麼自在就怎麼做：

- 用紙，這是老派的方法。

- 用 Excel 試算表。如果你不擅長利用 Excel 的各種公式建立表格，有免費的線上範本可供使用。
- 利用線上的預算應用程式。你的銀行或許就有提供相關服務，你也可以在英國的 www.thisismoney.co.uk 和美國的 www.mint.com 網站找到範例。像是 Excel 試算表這一類便利的程式，只要把費用全部輸入，就可得出按月和按年的計算總和。
- 有些銀行，例如 Monzo（英國）或 GoBank（美國），會按消費領域來記錄你的簽帳費用與信用卡費用，例如餐飲、差旅和治裝。這種做法的風險是，你容易漏掉其他卡片所刷的現金費用或開銷。

> 編列支出和預算是在善用時間。

預測你想花和想賺的錢

預算工具也可納進預測部分，讓你預估未來的收入與開銷。收入可能包括月薪、年終獎金、配息和你預計賺進的收入。費用則是你計畫要支出的各項開銷，像是餐飲、治裝、度假、水電費、養車費用等。

全面性的預算應該要估算所有開銷，包括你要在儲蓄方案中投入的錢。你可以在開年或開季時來進行。之後再拿實際支出與收入來跟你的預測做比較，並針對有出入的部分追根究柢。

> 掌握你的財務狀況，為累積財富打下基礎。

10

大多數富豪都是白手起家

「錢包空空阻擋不了成功之人；企圖心匱乏和心態空洞則會阻擋許多人。」

富達投資（Fidelity Investments）是世界上最大的金融服務集團之一，根據它的全球調查，八六％的百萬富豪都是白手起家。也就是說，近九成有錢人的財富並非繼承而來，而是自己打下一片天，其中還有許多人出身赤貧。

創作《哈利波特》（*Harry Potter*）的故事時，J K 羅琳（JK Rowling）身無分文。二〇〇八年在哈佛大學（Harvard University）的畢業演說中，她談到了自己當時的處境，失業、身無分文，唯一沒讓她覺得自己貧困的就是她還有個棲身之處。

窮人致富的故事比你想的更常見。下次當你因為沒有積蓄或低薪而情緒低落，不妨以此勉勵自己，許多百萬富豪在到達財務自由前，處境都是同樣艱困。

如果你沒有大筆存款來創造財富，你能仰賴什麼？這取決於你的心態、技能、教育、熱情、目的、習慣、思考和想法。透過本書，你將會得到許多啟發。

行動方案

停止自怨自艾

心理學家們，例如已故的耶魯大學（Yale University）教授諾倫-霍克西瑪（Nolen-Hoeksema）博士，稱自怨自艾的感覺為耽溺，傾向於糾結在問題的來源：你缺乏的是什麼，而非可能的解決之道。

> 無論當下的財務狀況如何，任何人都有機會變富裕。

長時間的耽溺不利健康。諾倫－霍克西瑪博士的研究把它連結到各種心境與行為問題，包括飲食失調、藥物濫用和憂鬱。

重要的是，停止聚焦於你缺乏的是什麼，反過來把心思聚焦於你需要做什麼。讓自己忙碌於你想要成為、創造和獲得的東西。如同巨石強森（Dwayne 'The Rock' Johnson）曾說過的：「一九九五年，我的口袋裡有七塊錢。我只知道兩件事：我窮斃了，但有朝一日就不會再窮了。」

盤點自己的資產

想要放下自怨自艾的心態，也許閱讀本書就能做到，也許需要更長一點的時間，也有可能需要求助專業治療才能根除。

你可以從擬列清單寫下自己擁有的優勢開始，盤點自己所具

> 停止糾結在問題上，聚焦於解決之道。

備的一切正面特質與才能，它可能廣如你的夢想、教育、工作經驗、才能、創意和人際關係。

11

決心是財富的超級動力

「當意志力活蹦亂跳，就沒有什麼能把你絆住。」

當你致力於建立財富，決心和意志力是你最大的盟友，它們可以幫助你達成別人做起來很吃力的事。

意志力有如肌肉，與身上其他任何一塊肌肉同樣強大且重要，它需要經常被使用和鍛鍊。透過規律性、重複和有意識地運用來強化意志力，進而把這種鍛鍊變成像刷牙一樣的習慣，你就會高度專注在目標上。

壓力有可能伴隨富裕而來。研究顯示，當你感受到壓力，就會退回舊有的習慣裡，無論舊習慣對你是好是壞。所以，養成對你有益的正確習慣是成功的必要條件。

行動方案

練習到它變成自發性行為

把任何事化為習慣都需要時間和心力。我的領導力訓練大多是在幫助主管們培養新習慣，意志力是其中比較難駕馭的項目之一，從下列建議起手會比較容易些。

- 釐清你想要增強哪方面的意志力，再列出細項的行為，例如有紀律地先存錢再花錢，或者不輕易放棄困難的任務。確實寫下你想達成的意志力目標，然後鞭策自己去實行。
- 自我監督並慶賀自己的成功。你可以獨自進行，也可以找個負責監督你的夥伴，由自己信任的人來對你問責。你可

> 經常展現你的意志力，把自己推向極限以建立決心，你的存款數字會感謝你。

以每週或每月定期向他報告，分享自己做得多好或多壞。

聚焦於近期的成功

如果你只專注於未來的長遠目標和需求，意志力很容易被削弱。因為你忽略了自己每日成功克服了多少誘惑與掙扎，細數自己每天的成就有助於增強你的決心，它提醒著：你的堅持終將有所回報。

在培訓領導人時，我鼓勵他們除了長期目標，也要兼顧每日、每週和每月的目標。在一週結束時，條列你所面對的挑戰和障礙，並記錄自己如何展現決心和意志力，無論是多微不足道的成功，都將有助於你的成長。

> 細數並慶賀自己的成功。

12

朋友可以成就你或拖垮你

「有些人可以激勵並驅使你前進；有些人會毒害並淹沒你的企圖心。做個明智的選擇吧。」

有個理論是這麼說的：我們每個人都是我們花最多時間相處的那五個人的平均值。你能想像如果最常跟你出遊的是世界上一些備受尊崇的億萬富豪，像是比爾．蓋茲（Bill Gates）、李察．布蘭森（Richard Branson）和馬雲嗎？

經科學印證，其背後的概念是與我們社交的人會對我們產生難以置信的衝擊。在二〇一三年的《心理科學》（*Psychological Science*）期刊裡，有一項研究斷定擁有意志強大的朋友能增進我們自我控制的能力，彷彿只要他們在，就能增強你的意志力，因為他們會在你的潛意識裡樹立起榜樣。

心理學家稱之為社會影響力，你會調整自己的行動和想法來迎合特定社會群體的期望。不妨檢視一下你是否：

- 跟同事買一樣的衣服品牌或食物？
- 對自己的致富夢想祕而不宣，免得家人譏嘲你在做白日夢？
- 週末參與自己並不十分熱中的活動，只為了跟朋友同樂？

反思自己的人際關係對你有極大助益，想想有誰是以正面方式在影響你。深入探究有哪些朋友的價值觀、心態和行為與你相符，在累積財富的旅程中，善用這些社會影響力來助你一臂之力。

> 在照顧自己需求和做自己的路上，別讓他人的不安全感、心胸狹隘或缺乏信念拖垮你。

行動方案

疏遠有毒之人

不要把時間花在有毒的人身上，他們會取笑你的夢想、干涉你的生活、妨礙你追求更好的人生。

當你知道有毒之人（像是善妒的友人、刻薄的同事、缺乏安全感的親人等）對你有害，就要試著打破這些相處模式。用和善、婉轉的方式跟他們保持距離，你或許會對疏遠他們感到愧疚，但請想想你人生的優先順序，你希望創造夢想中的生活還是維持現狀？

與支持並相信你的人為伍

容許自己去結識、親近志同道合的人，他們會讚賞你的夢想，以及你對美好生活、累積財富的渴望。

要釐清的一點是，我並非建議各位完全捨棄舊有的生活，疏遠舊識去結交新友人，而是需要取得平衡。無論舊雨或新知，只要是懂你並贊同你的夢想，你就可增加與他們相處的時間。

13

停止漏財

「尋找並封住所有洩氣的輪胎小洞。」

想像一下，如果你的銀行帳戶有個漏洞，這不是會引發恐慌的災難，不過是每天流失幾美元或幾英鎊的存款，但日積月累下來的金額就很可觀。

我相信這種狀況已經發生在你身上了，我們全都會漏財，把錢花在無關緊要或用不到的東西上，沒有人可以全然免疫。

它通常不是很大的金額，但是在累積財富時，你必須錙銖必較，不把花小錢當回事是大錯特錯。

下次路過你喜愛的咖啡館，不妨算算每天喝拿鐵的習慣會花掉你多少錢。每天花掉的或許是對你不痛不癢的零錢，可是經過十二個月，累積的總和就是數萬元。這些都是能為你所用、幫助你達成財務目標的本錢。

其他可能的例子，還有你一個月只去運動兩、三次的健身會員費用，或是訂了卻鮮少翻閱的雜誌。

行動方案

檢視不必要的花費

首先，審視一下你的支出。從檢查自動扣款的帳單和設定開始，如果其中有任何不尋常之處，就先取消。

每天都要自我監督，這樣才能掌握自己付了什麼錢或簽了哪些帳單。對於任何不是真正必要的花費，購買前請先三思。

“

不要讓財富從小漏洞流失。

你可以使用像是 usebean.com 的應用程式，追蹤再也不想繼續的舊訂閱。

盤點

大部分人對於自己擁有的物品，能記得的不會超過半數，不妨找個機會盤點一下自己的物品，我敢說你一定會找到可以賣掉或送人的東西，或是你早就擁有卻又想添購的物品。這樣的小發現愈多，賺到、省到的錢也就愈多。

遏止衝動

衝動性購買感覺很爽快，但買了之後通常會發現用處不大。特價即將結束的廣告文宣，容易使我們受到誘惑，但在一時興頭上購買的東西經常事後感到懊悔。誰不曾付費升級更快的寬頻，之後卻感覺不到網速有什麼改變？

Monzo 銀行的活存帳戶可以讓你用有創意的方式監控支出，試著採用其中一種，或者試試 Revolut 之類的應用程式。是時候戒除你的購物陋習了。

14 先存了再花

「只花已經賺到的錢。」

你每個月會存多少錢？調查顯示，很少人覺得自己存款夠多，而且有很多人根本就是月光族。

在美國，二〇一八年 bankrate.com 的調查指出，介於十八到五十三歲的人，有二五％沒有積蓄，無可憑藉；另外二五％的人，積蓄只夠支付三個月的生活開銷。

英國的情況也相去不遠，二〇一八年史基頓房屋抵押貸款協會（Skipton Building Society）的研究發現，四分之一的成人沒有積蓄，十分之一則是花的比賺的多。金融行為監理總署（Financial Conduct Authority）在二〇一七年的調查中發現，全英國有三分之一的人積蓄不到兩千英鎊（大約七萬二千台幣）。

存款是累積財富的基石。如果你存不了錢，財富就不會眷顧你。可悲的是，對很多人來說，尤其是年輕人，存錢絲毫沒有因為時代進步變得比較容易；薪水紋風不動，居住和生活成本逐漸上升，更別提周遭盡是煽動你花錢的誘惑。好消息是。你不用每個月提撥大筆收入來存錢才能改變你的財務狀況，只要養成儲蓄習慣就是具備一種富裕心態，靠著時間的複利效應，你早早提撥的小錢日後都會大有斬獲。

> 儲蓄是累積財富的基石。

行動方案

養成儲蓄的心態

質疑儲蓄價值的念頭很容易滋生，尤其是當你為了存下區區小錢而感到手頭拮据。等你讀到本書最後，調整了對於財富的思考模式，自然就會想要存錢。當你了解如何（how）累積財富、要累積什麼樣（what）的財富，以及為什麼（why）要累積財富，就會明白儲蓄的必要。隨著你訂立出自己的財務目標，你也會有更明確的理由來儲蓄。

薪水入袋就提撥

從小處開始勝過你什麼都不做。現在就養成提撥固定收入的習慣，而不是每個月底看天行事，支付完開銷和帳單才看還剩多少錢可存。反其道而行，薪水一入袋，馬上提撥至少一〇%來儲蓄，將其設定成發薪隔日自動轉存到儲蓄帳戶。根據史基頓房屋抵押貸款協會指出，有二五%的英國人都這麼做。

你到底應該存多少呢？薪水的一〇%是個起點，你可以依自己的能力盡可能多存一些！只有你清楚自己的基本開銷和必要支出是多少，如果薪水較低，一〇%對你而言負擔過重，那就從五%開始。如果你的薪水還算優渥，就可以（並應該）存下比較高的比例。

把加薪和獎金存下來

如果你的辛勞讓你在一年內領到多筆獎金，可以考慮把全部或大部分直接存到儲蓄帳戶裡，甚至把一些投進退休年金方案裡，如果人在美國，就去增額挹注401(k)退休福利計畫。

15

為孤獨的旅程準備就緒

「成功之路可能異常孤獨，做好心理準備要賣力工作、承受誤解、努力為別人騰出時間。」

任何一種成功都不是一蹴可幾，它意謂著你可能要長時間工作、放棄某些社交活動、承受誤解和感到孤單。倘若你尚未體驗到其中任何一項，只是時間早晚的問題。

你不見得是形單影隻，但周圍的人可能不了解你為了財務目標所付出的努力。他們看到的是你對金錢變得較為謹慎，比以前更少一起出遊。

他們可能無法理解你的理財計畫，讓你在累積財富的路上感到孤單，不是你被人排擠，就是你因為他們變得善嫉、不給予支持而選擇疏遠。

可以確定的是，你在這一路上會有許多挫折相伴。投資失利、市場崩盤都在所難免，你在這樣的低潮裡或許會感到孤單，但你會慶幸不是大夥一起跌進這個坑裡。

行動方案

擁抱你抗拒的事

是否要往這條孤獨的道路走去，是自己的決定。這是一種取捨，只有你能找到的平衡點。本書會不斷反覆提及：累積財富需要時間、精力和專注。這些時間和精力原本是留給生活中的其他人事物，選擇聚焦於何處將是你自己的決定。

> 累積財富需要時間、精力和專注。

不要忽略珍愛和關心的人

生活中有許多例證：金錢不能保證幸福。所以請牢記，在追求財富的同時，切勿破壞對你很重要的人際關係。

了解周圍的人，然後讓他們理解你

試著了解周圍的人如何看待你的財務計畫。你在追求財富夢想之際，他們或許會感覺到你的忽視，覺得你正在疏遠。

給他們時間發現你依然是你，你對他們的關心沒有改變，只是優先順序做了調整：可以揮霍的空閒時間和（諷刺的是）金錢比以前少了。

你不必然孤單

一如華倫・巴菲特（Warren Buffett）有查理・孟格（Charlie Munger）；史提夫・沃茲尼克（Steve Wozniak）有史提夫・賈伯斯（Steve Jobs）；賴利・佩吉（Larry Page）有謝爾蓋・布林（Sergey Brin）。你可以選擇跟志同道合的人聯手累積財富。但要慎選你的合作對象，否則也可能引發衝突。

16

駕馭推銷的藝術

「我們一生都在向別人推銷；推銷自己的想法、意見、觀點——有價值的事物。」

財務成功的人都是優秀的推銷員。他們具備犀利的說服力和影響力，幫助他們在累積財富的路上贏得別人的支持，並藉以克服挑戰。

精進推銷的能力，對你在下列處境都有助益：

- 向老闆證明你值得升遷。
- 向老闆爭取你應得的薪水。
- 提出你的經營理念爭取他人支持。

- 啟發別人跟你一起攜手達成夢想。
- 為你的新創事業贏得新顧客。
- 說服私人銀行或經紀商將你納為客戶。
- 吸引投資人和股東投資你的新創公司。
- 說服自己去做達成目標的必要任務。

並非人人都像史提夫・賈伯斯那樣善於做簡報。慶幸的是，你不必超級有自信或具備外向性格，才能擁有優異的推銷本領。安靜內向的人同樣可以勝任推銷的工作，尤其善於建立交情與關係。世上知名的億萬富豪很多都不是天生外向的人，例如比爾・蓋茲、馬克・祖克伯（Mark Zuckerberg）和馬雲。他們的成功有部分在於他們的成就本身就具有說服力，他們在有需要時發聲，並向別人請益如何勸說和說服。

> 最重要的是，接受你的獨一無二，並試著去了解自己。

行動方案

在溝通技巧上下工夫

推銷是一種溝通過程，精進你在溝通上的能力絕對有益無害。溝通最重要的本領之一是練習主動傾聽，刻意、有意識地向對方展現你有把他們的話聽進去，並且感同身受。

要真誠

銀行經理、投資者和員工不會把推銷技能列為你的第一要件，但他們會期望你是個真誠且實在的人。懂得傾聽、關心、並對自己所信仰的事懷抱熱情，自然就能吸引別人想跟你一起共事。

為他人設身處地

如果你需要贏得別人的協助，不要只是一味推銷，改從他們的視角來切入，他們有何需求？面臨的問題和挑戰是什麼？你能如何為他們創造價值？

舉例來說，在向銀行申辦貸款前，先問問自己：「他們為什麼要同意我的要求？要如何使他們信任我？我能如何協助他們消除問題和困難？」

獲取一些實際推銷的經驗

如果你正要展開職業生涯卻不確定要選哪條路，不妨考慮推銷員。它是個很棒的機會，可以讓你從中學習如何爭取、影響和說服別人；你也會有不少被拒絕的體驗，有助於你養成職場所需的韌性。

17

重塑自己的債務觀

「令人驚訝的是，有些人把債務視為敵人；有些人則是愛上了他們的卡債和薪資貸款。」

有些人對背債不以為然，在我年輕的時候，人們只在有亟需時才借錢，而且幾乎不延遲付款。很少有人會貸款購買非必需品；然而，現在的社會再也不是如此，負債已經變成一種可以接受的選擇。媒體上不斷大肆宣揚，眾多廣告都在慫恿我們：

- 先擁有，後付款。
- 享有十二個月的免息貸款。
- 啟用新信用卡就有免費贈品。

- 歡迎借款張羅耶誕節火雞和禮物。
- 用薪資貸款來周轉。

這些開銷都會積少成多。根據 www.comparethemarket.com 在二〇一七年的調查，英國家庭平均背負的消費債高達八千英鎊（大約二十九萬台幣），包含信用卡帳款、車貸、薪資貸款，但不包括房屋抵押貸款。美國的數字相去不遠，二〇一八年在 experian.com 的調查中，單是每個美國人平均的信用卡卡債，就大約四千兩百九十三美元（大約十二萬九千台幣）。

你如何看待債務？它是否讓你感到不自在？答案沒有對錯，重要的是了解自己對債務的感受。

> 在累積財富的路上，債務有它的一席之地。

行動方案

了解債務

在本書後面的章節，我會針對如何管理和減少債務提供建議，確保你在舉債前都經過明智考量。但首先，你要了解債務，才能明白取得不同類型資金的成本。

債務是什麼？以最簡單的話來說，就是你從各種可能的來源或管道所借款的金額。可分為有抵押或無抵押的債務。

- 抵押債務是鏈接你的資產（例如房子或車子）的借貸，資產充當抵押品或擔保品，當你無法償還貸款，放款方就能沒收資產。
- 無抵押債務不鏈接你所擁有的資產，例如信用卡借貸。一般而言，你必須支付較高的利率，因為放款方承擔了你無法還錢卻沒有資產可扣押的風險。

對於任何債務的細節，你都要盡可能多了解，包括形形色色的利率、手續費、罰款、期限，以及不同類型借款所適用的規則，像是從高利息的薪資和信用卡貸款到固定利率的抵押貸款等。在借貸之前，務必騰出時間研究並向人請教，例如合格的會計師或獨立財務顧問。

見多識廣

一旦對債務有了深入的認識，不妨花點時間檢視自己過往的借貸。累積了足夠的「債務知識」，你自然知道如何做出明智的借貸選擇。你將再也不會被那些溫馨、誘人、鼓勵你借錢來趟陽光假期的廣告吸引了。

18

當個出色的員工

「想在公司受到重用，你創造的價值就要高過你的薪資。」

想成為百萬富豪，就不要放棄正職。這份薪水不見得是世界上最優渥，然而，這就是你今天的位置，以及你未來可能得待上一陣子的地方。

你現在所待的職場是你累積財富的訓練場。每天懷抱著成功心態去上班，力求成為無可取代、備受重用的人才，進而爭取你應得的加薪、獎金和升遷，以及任何其他形式上的肯定。在現有職位上，要給與你共事的人留下好印象、覺得受你啟發，並超乎別人對你的期望，這些都是你在成功路上必須養成的習慣。

靠這份工作，你不見得可以成為百萬富豪，但在透過現職磨練自己的本領時，應該力求得到良好的報償和肯定。

你有其他選擇嗎？當然有，你也可以得過且過，日子照樣能過下去。輕鬆以對有它的好處：壓力小，空閒時間多，有精力從事其他興趣。然而，這種安逸的心態會使你與成為有錢人絕緣。

行動方案

加倍努力

即便是我培訓過的公司高階領導人，也需要再三叮嚀他們不可鬆懈。下列是一份檢核清單供你快速自我審查：

- 人要在。上班不要姍姍來遲，或在午餐過後遲遲未歸。不

> 不論你想在人生中成就任何事，全力以赴都是不二法門。

要打混摸魚把時間花在私人事務上。

- 心要在。在公司避免研究與從事私人投資，像是買賣股票。
- 全力以赴。光是全勤並不夠，還要投入所有心思與精力，就算是最後在職日也不可虎頭蛇尾。
- 靠個性加分。當個讓人想親近的同事——為人風趣，並且對他人感興趣；在討論時言之有物，並樂於助人。
- 準時下班。對，不用懷疑，你還是可以準時離開辦公室，沒有人說你必須天天加班到爆肝。

離開辦公室，你就可專注在自己的理財計畫，像是投資、兼職或學習新技能。

薪資協商

當你加倍努力，就有立場去爭取你認為應得的薪資。要如何說服老闆加薪，稍後會詳加說明。

19

對於現金要謹慎

「白手起家的百萬富豪，都不是靠儲蓄賺到財富。」

現金很重要，但它在累積財富的路上未必是最重要。二十年前，拜存款的高利率所賜，你把錢存放在銀行，它就會以一年至少五％的速度成長。就連在睡覺，你也能感覺自己正在變得更富裕。但實際上，當時正逢通貨膨脹，你的銀行餘額或許增加，但你的消費力並沒有隨之提升。

如今不同了，在這個存款利率超低的時代，利率有時甚至趨近於零。銀行裡的錢就像是你遺失的行李：當你找回行李，它還是跟你把它弄丟時沒有兩樣。以微不足道的利息收入來說，根本彌補不了物價的膨脹。

即便存款的報酬偏低，但相較於可能血本無歸的風險投資，持有現金相對安穩，但現金的先天限制是它無法使你致富。它讓你保本而不至於虧損，但也不會把你的財富提升到下一個等級。風險等同於報酬，風險愈高，潛在的報酬就愈高。

行動方案

你應該持有多少現金？

要持有多少現金是非常個人的決定，我沒辦法給你一個標準答案，但在跟有錢人打交道多年的經驗裡，以下是我學到的事：

- 當你的現金有更好、更有效益的用途，就挪來使用；如果

> 重要的是未雨綢繆，採取有條理的風險管理，如此一來，一次的挫敗不至於使你滅頂。

沒有，就存在儲蓄帳戶裡以備日後之需。

- 如果你厭惡風險，把資金全部投注在風險投資上會造成龐大壓力，持有部分現金就變成必要的選項。
- 如果你的目標是要增加總財富，持有大量現金就不是明智的選擇。
- 「未雨綢繆」的比喻有幾分真實性，你需要持有部分現金充當緊急儲備金。
- 挪用現金通常比舉債來得明智。如果有足夠的現金買新車，為什麼要辦貸款？

當你連錢都沒有，這一切關於如何處理現金的討論，就像是個遙不可及的問題。

本書的一百件事會幫助你累積財富，最終，你將會有不是綁在日常生活開銷上的額外現金。

20

捲起袖子

「財務成功讓人避之唯恐不及，是因為它披著工作服，一副苦哈哈的模樣。」

一週工作四小時聽起來很吸引人，但大部分百萬富豪和億萬富豪的經驗是，成功要花心力與時間。據說馬克·庫班（Mark Cuban）七年沒休過假，並通宵熬夜學寫程式；而伊隆·馬斯克（Elon Musk）則說自己每週必須工作八十到一百小時。

研究證實，富人有強烈的工作倫理。普林斯頓（Princeton）的社會學教授道爾頓·康利（Dalton Conley）發現，收入較高者的工作時數比低收入者要多，諾貝爾獎得主丹尼爾·康納曼（Daniel Kahneman）的研究則斷定，有錢人花較少的時間在遊玩和享樂。

你不必冒著過勞的風險仿效他們，急於致富而在工作與生活上失去平衡只會得不償失。但要牢記的是，相較於一般人一週工作四十小時，如果你投注更多時間追求目標，其他人要花一整年才會完成的事，你可以用更短時間來達成。

這關乎你的優先順序和選擇，達到財務目標對你有多重要？努力與休閒你要如何拿捏？大多數人都傾向於輕鬆過日子。

行動方案

決定目標的重要性

只有你能決定自己的時間怎麼分配，以及要優先考慮哪些人生和財務目標。思索這些問題，你才能從一個比較佳的立場去衡量財富對你有何意義。

當你捲起袖子開始實行，才能確實估算自己要投注多少心力。以書寫這本書來說，唯有在完成一定篇幅後，我才會知道自己總共要耗費多少時數。

以短期痛苦換取長期利益

你必須有所犧牲，起碼是在短期內，這意謂著你必須捨棄某些活動、早點起床、減少時間看網飛（Netflix）追劇和社交。在此同時，你要設法取得生活上的平衡，定期抽空去鍛鍊身體，在週日關機休息。後面章節對此會有更多著墨。

選擇有意義的財務目標和活動

長達數小時連續工作而不感到壓力的祕訣，就在於目的和意義。心理學家米哈里．奇克森特米海伊（Mihaly Csikszentmihalyi）稱其為處於「忘我」的狀態。當你從事自己熱愛、合乎內在自我的工作，這種狀況就會發生。設法進入你的「忘我」，你做起事來就會如魚得水。

> 富人，比較可能是在書桌前、電腦前或手機上，而不是在海灘上喝雞尾酒或享受日光浴。

21

現實很友善，不要視而不見

「看看現實——它不是你所想的那樣，也不是你要的那樣。」

當現實有違你看待世界的方式，你就會覺得現實令你深惡痛絕。選擇視而不見或把頭埋進沙子裡變成是比較容易的選項，但忽略現實並不會讓事情好轉。

我們忽略現實、貿然投入金錢的狀況多不勝數，我見過許許多多的例子：

- 買了房子，卻發現屋後即將興建一棟公寓大樓，使我們失去如畫的景觀和造成房價下跌。但我們在買房前或許就已聽聞這個即將成形的建案計畫，卻輕忽現實照買不誤。

- 我們投資朋友的網路新創公司，卻忽略一項重要的事實：他先前的新創事業從來沒有成功過。若是這次創業再度失敗，我們不該感到訝異。
- 儘管不確定自己是否有餘裕兼顧，我們毅然決定在正職之外經營副業。當副業失敗，在正職上的表現也每況愈下，我們不該感到訝異。
- 我們有自己很得意的生意構想，儘管身邊屢有懸崖勒馬的忠告，我們還是執意進行，我們視而不見的是：這個創業想法並非格外新穎、創新或對投資人有吸引力。

我們可以忽略現實，但它並不會就此消失。財務成功的祕訣在於，辨識出現實中不健全的警訊，在犯錯前三思而後行。

> 如果你拿錢投資，卻忽略現實發出的不悅耳警訊，現實就會回過頭來反噬你。

行動方案

認清自己的決定以何為基準

累積財富所牽涉到的決定可能高達數百個。為了確保自己的銀行餘額可以持續增加，你所做的決定都要基於事實與真相，跳脫面子、情緒和主觀意見的影響。

心理學家發現，我們的思考和行動會受到可預測的認知偏誤所影響。在選擇要把時間、金錢與信任揮霍在何處時，下列是我們要避免的錯誤：

- **沉沒成本謬誤（Sunk Cost Fallacy）**：你在情緒上變得過於投入，以至於你失去理性，無法接受事情根本行不通。
- **選擇性感知（Selective Perception）**：你過度聚焦在特定的細節，導致你遺漏掉完整的事實。不妨去觀看 YouTube 上著名的「籃球和大猩猩」（basketball and

gorilla）影片。在比賽進行中，絕大多數的人都沒有發覺一隻大猩猩走過了球場。

- **定錨偏誤（Anchoring Bias）**：過度依賴最先接觸到的資訊、意見或事實很危險，這會導致你忽略後來出現的新資訊。
- **確認偏誤（Confirmation Bias）**：你只會看到與自己想法一致的數據，因為它們可以歸納出你想要的答案。

留意有這些偏見的存在，並觀察它們如何影響你。尤其是跟金錢有關的決定，忽略這些現實會使你無法致富。

22 做自己

「只有一個真實的你，不要嘗試模仿別人——最終你只會成了冒牌貨。」

研究值得作為典範的有錢人之習慣、行為和心態，對你會有益處。那些他們用來創造財富的策略和商業模式，有許多可借鏡之處。閱讀他們的傳記可以學習他們的成功方法，挪用值得作為參考的思維、建議和工具。

但並非要你一味盲從，對某人很棒的東西對你而言可能是災難。推特（Twitter）的億萬富豪共同創辦人傑克．多西（Jack Dorsey）每天都遵循相同的慣例，固定的儀式是早上五點起床，冥想半小時，接著再健身。如果你比照辦理，是不是就能在財務上成功？你八成不到中午就在辦公桌前打瞌睡了。遵循一套固定儀式的概念固然不錯，但我們要選擇性地借用。

把你看到的東西加以篩選、拼貼，並在自己身處的環境中試驗新做法。

行動方案

問問自己「這對我管不管用？」

如果某人在財務上成功，他肯定是做了什麼對的事。把向別人學習當成自己的功課，試著了解他們的思維模式和工作方式。

重要的是，你會在過程中發現令你感到不自在的事。例如，有許多人利用「股票當沖」[1]賺了大把錢，但這不表示它就適合你。如法炮製，你也可能在財務上成功，但你是不是真心想要在

> 敞開心胸採用和實驗成功人士的習慣，透過試誤法，你會找到對自己管用的方法。

筆電上買賣股票和債券？

走出自己的路

用自己的方式累積財富，而非變成所學之人的翻版。實驗成功人士的方法，再汲取當中的優點，從自己覺得受用的思維和習慣加以延伸，最終打造成更適合自己、符合自己需求和處境的方式。

註1：當沖是一種不需要花費本金，能當日短線操作賺價差的交易方式。

23

聲譽就是一切

「把日子過得像是時時刻刻都在鏡頭前。」

聲譽就是你的品牌。它代表別人如何看待、評斷你這個人。如果聲譽欠佳，你就難以保住一份很棒的工作、帶領一家成功的公司或吸引到投資人。

老虎·伍茲（Tiger Woods）和藍斯·阿姆斯壯（Lance Armstrong）這等國際明星之所以失去贊助，正是因為聲譽受損。企業領導人也會因為小自社群媒體貼文、大到內線交易等判斷失誤而被迫下台。

累積財富需要與他人建立聯繫並合作。建立你的個人品牌有利於高階主管了解你的工作表現、銀行為你提供融資，或是創投業者提供你創業資本和專業技能。

這些人都很清楚，如果他們挺你，他們的聲譽就會跟你密不可分。如果你失敗，他們連帶會受到衝擊，沒有人想要這種結果。成為別人萬無一失的選項，他們就會願意支持你。

行動方案

保護自己的品牌

注意自己的一言一行，時時留心維護自己的聲譽：

- 發送電子郵件、推文或訊息前先暫停，確認你是否確切傳達出想說的話，有沒有可能被誤解？
- 開口發言前先想一想，你的評論是否可能被誤解為傲慢、歧視或霸凌？

- 給予承諾前先反思，你有沒有把握言出必行？
- 誠實待人。人都會說謊，研究顯示，我們每天可能會說幾十個大大小小的謊。力求真誠待人，你的聲譽便能從中受益。

坦然以對

無需當個完人，但要坦然面對自己的錯誤和缺點，無論是創業失敗、無法勝任工作，或是坦承自己不知道所有問題的答案。

> 累積聲譽耗時多年，但毀掉只需一瞬間。

24

善用資金以小博大

「讓槓桿發揮作用，一點可以變很多，小丘可以成大山。」

只仰賴自己的錢難以致富。投資人借錢投資是很常見的做法，用額外的資金來購買房地產、股票或事業體等投資。這樣的借款就稱為槓桿作用，不只是為了拿到更多錢，而是為了提高投資的報酬率。我以投資房地產為例來向各位說明：

- 你購買價值二十萬美金的房子，其中只有兩萬美金是用你自己的錢，其餘款項則是用抵押貸款的十八萬美金來支付。
- 一年後，房子的市值漲了一成，你決定把房產賣掉：

賣房收益　　二十二萬美元
扣除銀行還款　　（十八萬美元）
售屋獲利　　四萬美元

這筆投資為你的兩萬元本金帶來額外的一〇〇%報酬（也就是除了拿回一開始的兩萬美元，還多賺了兩萬美元）。

這就是槓桿作用以小博大的魅力。如果總額二十萬美金都用自己的現金支付，你就只會賺到一成的報酬——獲利兩萬美金，比你所投入的本金僅多了一成。為了簡化說明，我省略了手續費和其他成本，但你還是能看出當中的基本概念：借錢可以為投資帶來較高的報酬。

相同的獲利或報酬加乘效果，也可運用在其他類型的投資上。金融市場的投資人可以用自己的小額資金或交易資本（即保證金）

> 懂得運用你的錢以小博大，需要仰賴縝密的思考和練習。

交易大量單位的商品（例如購買大量股票或合約）。

行動方案

運用槓桿切忌過度貪婪

市場行情好的時候，槓桿作用的威力驚人。當股票、房地產和其他投資的價格飆漲，相較於初期投入的本金，連小額的投資人也能賺取高報酬。借款來打造房地產帝國，或是擔任金融市場的交易員，似乎都能輕鬆賺到錢。會有為數眾多的房產抵押貸款也就不讓人意外了，光是在英國就有超過一千一百萬筆的抵押貸款，總價值超過一兆四千萬英鎊。

但是當價格下跌，你發現自己無法靠賣出的收益來償還借款時，危機就會產生。

以上述的二十萬美金購屋例子來說，如果房價跌兩成，你的房子就只值十六萬美元，但你欠了銀行十八萬美元。

如果這是你唯一失利的投資，你或許承受得起兩萬美元的虧損，但如果你利用同樣的銀行貸款模式另外購買了四筆房產，那該怎麼辦？你會堅守下去，期望它們的價值上揚，還是認賠賣掉損失大筆金錢？你又要如何償還銀行的欠款？

對於任何一種資產，其中該有多少金額要用借貸方式來購買，你必須謹慎為之。若想賠掉全部的家當，濫用槓桿作用是最快、最簡單的方式。不要被經濟繁榮的景況矇騙，以為投資絕對不會賠上自己的本金，記得隨時提醒自己：當槓桿投資的價值下跌時，你能否存活？

25

不要輕易舉白旗

「絕不放棄，大部分的人從未登頂，都是在最小的斜坡上就放棄了。」

根據瑞士信貸（Credit Suisse），超過九九・五％的人都**不是**百萬富豪。全球四千兩百萬名百萬富豪，大多數是因為房價走揚才達到如今的地位。但對大部分的人來說，賺錢是漫長、艱難和孤獨的道路，途中充斥著許多讓人想舉白旗的理由。

從下列數據，不難看出很多人都遭遇了挫敗：

- 根據綜合信貸公司（Consolidated Credit, Inc.）二〇一七年的民調顯示，四三％的美國人認為自己跟財務自由的距離是：連邊都摸不上。
- 根據人均（Per Capita）智庫在二〇一六年的研究，澳洲靠年金過活的族群有三分之一是活在貧困中。

- 根據研究業者 FTI 和 syndicateroom.com 在二〇一八年的調查，四八％的英國投資人都未能達成財務目標。

變富裕不見得是人生的一切，但實現財務目標的重要性不該讓你受到一點挫折就放棄。

行動方案

持續走下去

確保自己的財務目標對你而言十分重要，你發自內心相信自

> 你已經踏上這條路，就把路走完，放棄不是選項。

己的目標是不可或缺的，就會有堅持下去的動力。

慶賀短期的成就

細數自己在短期內的成就和你所克服的障礙，無論它們有多微小，都有助於提醒你成功並非緣木求魚，你可以創造更大的成就，最終達成自己的財務目標。

堅持不懈

堅持並非易事，下列建議可以增強你的韌性和耐力：

- 放緩步調，不要期待目標一蹴可幾，比較能保有恆心。
- 對挫折做出反應前先喊停。當你感覺自己就要舉白旗時，先回家睡一覺，隔天帶著煥然一新的心情面對挑戰。

- 與支持你的人為伍。跟會鼓勵你保持在正軌上的人聊聊，有助於你堅持下去。

把挫折當成啟示

顛簸、路障、挫敗和犯錯，都是這一路上我們預料會遇上的狀況，把這一切當成啟示，如果你留心，就會發現它們正在向你傳達訊息：

- 如何避免重蹈覆轍。
- 要採行哪種不一樣的做法。
- 如何改善你的行動、行為和計畫。

26

不要感情用事

「你不必賣掉祖母，她可以留下，但其他的一切都必須脫手！」

人很容易對擁有一段時間的事物產生依戀，而相同的現象在投資上也很常見。就算某樣東西曾經是你的寶貝，不代表它值得你捧著到天長地久。不要對你的投資感情用事，時機對了，就必須隨時願意放手。有太多的投資人對於何時脫手掙扎不已。

我祖父固守了他在英國約克郡的店面數十年，因為這是他赤手空拳打下的事業。他婉拒了鉅額收購的提議，儘管有種種跡象顯示由於超市的出現導致他的商店逐漸沒落。祖父不願意放手，等到最後不得不把它賣掉時，出售的金額只剩當初提議的一小部分。

因為投資與你的過去有所連結，而使你對它產生依戀，那就只是感情用事而已。

行動方案

消除依戀情結

檢視你的財務、工作與投資，想想你為什麼繼續持有它們：

- 因為是你任職的第一家公司，你一直抱著它的股票和股份？
- 你苦撐家族事業，是因為結束營業就代表放棄父母的夢想？
- 你對虧損的不動產投資挹注更多資金，是因為已投入大量心血而不甘心放手？

你不必矯枉過正，把帶有情感成分的資產或投資都賣掉；只需要處理**因為**感情用事而留下的東西。

“

時機成熟，就該讓你的寶貝小孩離家獨立，否則你就會是個遜色的大人。

剪斷牽絆

是人，就會有感情上的羈絆，但如果這會造成你的財務損失，你就必須在財務目標和固守過往上有所取捨。

27

先給予，你終會得到回報

「你無法帶走所有的財富，不妨分享一些給他人。」

根據蘇黎世大學（University of Zurich）研究人員在二〇一七年的《自然通訊》（*Nature Communications*）期刊上發表的研究指出，即便只是小額捐款，你的開心、滿足和幸福指數都會上升，程度就跟你捐出額度大上許多的金錢相當。養成習慣，為有需要的人付出，在幫助他人的同時，也會幫到自己。

當你先給予，即便是沒有期待任何回報，到頭來也會有所收穫。二〇〇七年時，在名為「利他與間接互惠」（Altruism and Indirect Reciprocity）的實驗中，社會學家布倫特．辛普森（Brent Simpson）和羅布．威勒（Robb Willer）證明，今日的慷慨有很高的機率會在日後讓你得到報償。慷慨會增加你的利他聲譽，也會提高你未來從第三方獲得收益的可能性，這些人甚至不是你捐贈的受惠者。

這聽起來或許像是薄弱的科學佐證，但也不乏靈性與宗教上的意涵。印度教與佛教談的是因緣，基督教強調的是「種因得果」和「付出會有收穫」。除此之外，還有許多人推崇宇宙能量和吸引力法則。無論從哪個立場，似乎都可推演出這條定律。

行動方案

保持心胸開放

正向付出會在我們周遭創造出豐沛能量，你或許覺得這樣的想法讓人感覺自在；你或許相信因緣，善行會以某種方式迴向到我們身上；你或許覺得本書的建議「投射正能量為自己創造出正向環境」讓你心動。許多暢銷書都已探討過類似主題，像是朗達・拜恩（Rhonda Byrne）的《祕密》（*The Secret*）和偉恩・戴爾（Wayne Dyer）的《意念的力量》（*The Power of Intention*）。不妨敞開心胸擁抱這樣的概念。

就從今天開始

不要等到你超級有錢或退休時才實行，為何要讓自己幾年後才嚐到回報的果實？不如就從今天開始。

從小處開始

今天就盡其所能地付出，即使金額小也不用介懷。小額捐款給慈善機構是個完美的開始，日後隨著財富的累積，你就能選擇

> 保持開放的心態——你的慷慨能為你營造出受慷慨包圍的環境。

是否要捐出較大的金額，附帶的好處是，捐款給立案的慈善機構可以享有稅賦上的優惠。

28

複利的神奇效應

「搞懂複利的神奇效應。掌握它，會讓你致富；誤用它，會使你貧窮。」

複利可以讓你成功或失敗。把一大筆錢存在儲蓄帳戶裡，透過複利的作用，累積多年可以多賺一點財富；但一直拖欠的信用卡帳款可會把你搞垮。

即使是在低利率年代，複利的效應同樣很顯著。我將用簡單的數學來證明，想像一下，把你身邊的一千美元放進新的儲蓄帳戶，每年付你三％的稅前利息，你把錢存進帳戶不動，看看餘額會如何擴增，年息則是依照每年底的餘額來計算。

第一年 $1,030　　第六年 $1,194

第二年 $1,061　　第七年 $1,230

第三年 $1,093
第四年 $1,126
第五年 $1,159
第八年 $1,267
第九年 $1,305
第十年 $1,344

就連三%的低存款利率，十年也能讓你的錢成長三分之一。這就是複利有趣的地方。

反過來說，沒有償還的債會使你損失慘重。就像是雙面刃，複利可以為你所用；但如果不謹慎，也可能傷害你的荷包。

行動方案

避免積欠有複利的債

你支付的利息通常都比你的存款利率要高。你可以善用某些低利率的貸款類型，但信用卡帳款和薪資貸款的利息通常都有毀滅性，高複利的可怕效果可能會嚇死你。

就算有政府的管制，你有可能要支付超過三成的年息——有時稱之為APR，即年利率。欠款人常常搞不清楚會被收取多少利息，一直到收到銀行月帳單才知曉。有的利息是按日計算，應付總額就會更高。

我用一小筆未償還的信用卡帳款來示範它如何暴增為龐大債務。假設你在十二月借款一千美元，每月都沒有償還債款，在一月第一次被收取利息。APR是二四%，按月計息：

- 一月：利息是一千美元的二%，也就是二十美元。
- 二月：利息是一千零二十美元的二%，也就是二〇．四美元。

> 不要低估小額的利息，時間一長，也可累積成一小筆財富。

- 三月：利息是一千零四十點四美元的二%，也就是二〇・八美元。
- 到了十二月，你必須支付一千兩百四十三點三七元才能結清債款，還不包括其他可能產生的手續費。下次要延遲還款時，請留心你必須額外付出的代價。

以薪資貸款來說，你最後的欠款有可能膨脹許多，甚至高達當初借款金額的兩、三倍。

從小處開始並有恆心

當你有餘裕時，就把剩餘的錢存到儲蓄帳戶裡賺取複利。唯有投資在更具有效益的用途上時，才提領出資金，像是買債券、房地產或投資事業。否則，就坐看戶頭的餘額錢滾錢。

29 可預測的收入讓人心安

「給我自動流進來的固定收入，我就會安心。」

在動盪與步調快速的社會中，能賺取穩定的固定收入是一種福氣。它讓你可以專注去創造更多財富，而不用煩惱下一餐在哪。如果可以準確預測任何會進帳的收入，對你是一件利多的事。

完成工作，就會有經常性或剩餘所得（償還債務後可使用的所得）持續流向你，按照經驗法則，它的來源通常有兩個：

一、持有資產的報酬和收益。

二、經營事業和工作的收入。

假如你有收入是來自下列任何一項，那你就是在賺取剩餘所得：

- 薪水或工資。
- 儲蓄帳戶的存款利息。
- 房產的租金收入，包括愛彼迎（Airbnb）的假日出租。
- 販售產品和服務——你也許有穩定的生意，更棒的是有顧客訂閱你的服務。
- 人脈行銷事業。
- 投資組合的股息和報酬。
- 從專利和創意賺取的版稅和應收帳款，包括出版書籍。

這些都是累積財富的磚塊，透過本書，我們將更深入了解這些項目，並學習如何從中獲取最大收益。

行動方案

把經常性收入當成跳板

對於固定的經常性收入，你可以把它視為一種緩衝或保險；你知道它會進帳，就能盡情去探索其他選項來增加財富和達成目標。它讓你有餘裕拿一點錢來冒一點險，去實驗、學習和嘗試新的投資。

尋找自動流進來的經常性收入

最理想的經常性收入是被動式收入，也就是連你在睡覺時也在賺的錢，無須花什麼時間和心力來維護。後面會對此加以著墨。

“ 把部分收入的來源穩定下來，就能減輕累積財富的壓力。

不要把視線從球上移開

沒有任何收入流是真正自動或百分之百保證穩定。切勿因為它是固定與經常性的收入，就對它掉以輕心。對所有的收入來源都必須保持一定程度的關注和經營。

- 如果你在特定城鎮持有出租房產，就要時時關注當地的變化，以防有新發展衝擊到房產的價值和吸引力。
- 關注課稅規則的變化，它可能影響你是否繼續持有某項投資的決策。
- 不要盲目相信幫你管理經常性收入的人，沒有任何房產經紀人、股票交易員或基金經理人是完美的。

30

清償無效益的債務

「即便是最樂觀的人也會讓債務變扭曲。」

假如你感覺自己快被債務淹沒，要很掙扎才能打平開銷，你便需要判斷你的債務是否具有效益。

某些債務對你有益。下列是具有效益的債務：貸款來投資房地產，或從事擴大、購買事業等其他投資。這些債務會為你帶來租金和股息收入，這些收入流有可能高於你初始貸款必須支付的利息。

你應該煩惱的是沒有效益的消費債務。把所有的信用卡債、分期付款、薪資貸款、車貸和銀行透支額加總起來，這些債務的高額手續費和利息可能會讓你無法喘息，而且並不會產生任何收入流。

行動方案

排出債務的優先順序

把你所積欠的債務列成清單，包括金額和借入的款項。把可能具有效益的債務歸成一類，像是抵押貸款；把不具效益的債務歸成另一類，像是信用卡帳款和借貸帳款，包括按月支付的分期帳款。檢視這些項目，有沒有哪些債務是你未能償還便可能導致法律訴訟或財務罰款。

分析成本

你積欠的款項需要支付多少利息？試著羅列所有必要的手續費，弄清楚提前還款是否有附加的手續費。**分析成本的重點在於，了解哪些債務的成本比較高、哪些債務**

比較容易還清，以便把總開銷降到最低。另外可善用債務的稅賦優惠，例如英國的抵押貸款利息。

降低債務成本

這可以透過很多方式來達成，包括：

- 使用剩餘的現金來清償某些債務。
- 重新協商債務，包括抵押貸款。
- 申辦成本較低的借貸，把借來的款項拿來償還成本較高的債務。

債務是一門複雜的課題，如果你遇到的問題很嚴重，就應該

> 沒有效益的龐大債務會在致富的路上絆住你，它會使你貧窮、沮喪和焦慮。

尋求幫助和建議。在英國，可諮詢的管道有很多，包括公民諮詢局（Citizen’s Advice Bureau）和金錢慈善基金會（Money Charity）。在美國也有類似的機構，比如 Debt.org 和全國信貸諮商基金會（National Foundation for Credit Counseling）。

31

遠離賭博

「如果你執意賭博，就把這本書扔了。帶著你的積蓄到拉斯維加斯或澳門，趁著本錢還在好好享受一番。」

富人普遍不賭博。依照作家兼財務規劃師湯瑪斯・柯利（Thomas Corley）在美國做的研究，七七%的窮人坦承固定玩樂透，相較之下，富人只有六%。柯利的重點在於，窮人「想依賴隨機的運氣來為生活紓困，而非有錢人憑藉的機運」。機運是一種需要專注創造的運氣（本書在後面會談到這點）。

不要以為賭博只存在於賭場、彩券行和樂透行。股市裡經常充斥著盲目追高的投資人，在一股投資狂熱的背後，是為了獲利而胡亂買賣，對自己的交易並沒有全盤了解，如果落得一敗塗地也不令人意外。

當然，幸運的樂透得主還是存在，只是中獎的機會微乎其微。把錢投入你能掌控（或比較能掌控的投資）對你有利得多，像是可以創造收入的資產，而不是期望幸運女神對你微笑。

行動方案

避免賭博

小賭怡情，但賭博並不是划算的行為，靠運氣不會使你成為成功的投資者。千萬別因為感覺、運氣或一時興起而從事股票、權證、衍生商品、房地產和其他投資。就算你見證過別人靠著投機致富也一樣。除非你真正了解你要投資的市場，否則就該保持距離。

如果要去除投資中的賭博成分，你必須：

- 隨時研究你要投資的標的，不管是房市、新掛牌公司的股票，還是成為新創公司的共同創辦人。
- 從小額投資開始，無論獲利機會聽起來有多驚人。
- 千萬別把錢全部砸在單一的風險事業或投資上。

就是不要……

與投注網站保持距離。網站演算法的設計旨在確保：平均而言，會獲利的是網站，而不是你。機率永遠對你不利，贏的或然率低得不得了。如果只圖一時的樂趣，就用多餘的零錢下注，千萬不要意圖藉此變得富有。

> 從來沒有人是靠著賭博連勝而變得富有。

32 勿向親友借錢

「哪個比較重要——友誼，還是錢？」

借錢來增加可以創造收入的資產，是累積財富的基本做法，而家人和朋友是唾手可得的資金來源：

- 容易聯繫。
- 彼此熟識。
- 你可以預料他們會多友善和慷慨。
- 你或許知道他們的銀行帳戶有多少存款。
- 他們或許知道你的目標，理解你為什麼需要錢。

相形之下，銀行、專業投資者和其他潛在的金錢來源則比較複雜、貸款審核也相對嚴苛，可能包含書面作業、你的事業計畫、抵押品、貸款文件、實地查核報告等。他們需要時間來認識你，了解你為什麼需要資金，並完成必要的程序。而在這一切的尾聲，他們的財務分析和風險評估還可能會判定，他們無法給予你需要的那麼多。

儘管如此，還是盡可能不要向最親近的人借錢。他們會感受到應該幫助你的壓力，同時擔心你不準時還錢，或是不會支付利息、簽借條。在考驗友誼和家人的親密關係前，請想想莎士比亞的話，三思而後行。

行動方案

先窮盡其他資源

在向老媽或死黨開口前，先確定自己已窮盡其他所有的資源。如果銀行、專業投資人和其他資金來源都拒絕借錢給你，試著去了解問題所在：

- 或許你的計畫可行性不大、規模太小。
- 或許缺少相應的擔保品。
- 你的信用紀錄或許很差，或是沒有穩定收入讓他們有信心把錢借給你。

如果專業人士不肯借錢給你，向親近的人開口就是上策嗎？在尋求朋友和家人的協助前，先想想銀行的疑慮有沒有道理，它們為什麼會把你視為高風險的借款人。

假如你必須……

如果你最後不得已的選項是向周遭的人借錢，請參考下列建議：

- 不要逼迫他們借錢給你。
- 不要過於討價還價。
- 確保他們有多餘的錢，並對借錢給人感到自在。
- 討論最壞的情況，以及當你無力償債，雙方如何處理。
- 提議並同意支付市場水平的利率。
- 由中立的見證人見證，雙方簽訂書面協議。
- 盡快償還借款，要比你承諾的期限快。
- 心懷感恩，樂於有朝一日回報對方的幫助。

「借錢的代價，經常是失去自己和朋友。」──威廉．莎士比亞

33

承擔風險

「最大的風險就是不去冒險。」

累積財富牽涉到風險。依照經驗法則，資產或投資的潛在報酬愈高，拿不到這項報酬的風險就愈高。一般而言，投資的報酬較高，報酬金額波動的或然率就會提高。

在光譜的一端，你可以把錢擺在商業銀行，拿到非常低、但百分之百不會有風險的利息。另一個極端是失敗率很高的科技新創公司，以潛在的龐大報酬來抵銷把錢賠掉的高風險，在業者首次公開發行並於股票交易所掛牌後，少數幸運的人會看到百倍的投資回收。

提高淨值沒有全然安穩的方式。或然率或許會有不同，但凡是具有財務價值的事物都可能跌價：

- 股價會下跌，更糟的是公司可能會破產。
- 房價會下跌，房產也可能因為附近地層下陷或新開發案而喪失價值。
- 從衍生商品到外匯兌換，各式各樣的金融產品都可能讓你虧錢，變得一文不值。
- 黃金、美國國庫債券、英國國債和其他理當安穩的避險資產都有貶值的風險。
- 現金看似安穩，但高通膨會使它的實際價值下跌。
- 有形資產可能遭竊或受損，例如藝術品。

行動方案

你有多少時間累積財富？

風險容忍度（或門檻），會因為你規劃的退休時間是在一年或二十年後而有所不同。你有愈多的時間累積財富，就愈有籌碼以較高的風險度來追求較高的報酬。萬一失敗了，你還有時間彌補虧損。

反過來說，假如可累積財富的年數較短，你就應該較為謹慎。要提防把所有錢都投入高風險的投資：此時，地方銀行的三%定存利息或許就顯得很吸引人。

探索你的風險承受度

你天生是個冒險者，還是厭惡風險？如果你在一般情況下都是追求安穩，或許就可以偶爾走出舒適圈；如果你對於金融市場一向有信心，隨時準備跳進風險裡，或許就需要偶爾自我克制。

對你的投資加權風險

這聽起來有點專業，但概念非常簡單。目標是要持有組合式的投資，當中有些投資是高報酬結合高風險，有些則是保本型結合低報酬。如果你夢想中的投資組合是多樣化且具複雜性，就去尋求理財顧問、私人銀行業者或會計師的建議，協助你在高、低風險的投資上取得適當平衡。

> 想要累積財富，就必須承擔一點風險。

34

防範通貨震盪

「會飆漲的通常也都會暴跌……卻從來不是在你期望的時間點。」

若是匯率跟你作對，你就可能會慘賠。我曾經認識一個在香港擁有大坪數公寓的人，眼見日本的利率非常低，有名抵押貸款顧問便鼓勵他把抵押貸款從港幣轉兌成日圓。他每月繳交的貸款馬上就減少了，事情進展得很順利，一直到隔年日圓兌港幣升值為止。他措手不及，必須籌措更多的港幣來兌換用來繳交每月貸款的日圓。日圓升值幅度如此之大，他發現自己付出的代價比保留港幣抵押貸款要高得多。

很多人都受到「省錢」機會的誘惑，但是出問題的可能性很高。世界上的幣值和匯率不斷波動，很難精準預測它的長期走勢。資產（住宅）和收入（薪資和租金收入）以一種貨幣（例如港幣或英鎊）擁有，債務或債款（抵押貸款）以另一種貨幣（例如日圓或瑞士法郎）持有，是可以做到的事，但你無法預測自己長久下來會賺還是賠。

銷售海外（即出口）或從海外購買原料和服務（即進口）的貿易事業存在相同的風險。如果你投資或從事這類型的商業模式，對於匯率風險就要時時有所警覺。當自己國家的貨幣走弱（貶值）時，進口成本可能會變高；而當你的貨幣走揚（升值）時，銷售營業額就可能會下跌。

同樣地，拿錢投資以外幣計價的基金和金融產品也有風險。如果你的貨幣貶值，兌換回來的投資價值就會跟著流失。

行動方案

抑制衝動

審慎處理涉及不同國家貨幣的誘人交易。你的會計師或理財顧問可能會推銷其他國家的低利率或高財務收益的投資，必須要審慎評估。

保持簡單與相稱

從經驗法則學到的是，確保資產和資產的貸款，都與用來償還貸款的收入來源為同一種貨幣。這就稱為「相稱」，可以避免令人心痛的損失。

萬一需要進行海外投資或買賣，你可以採用外匯對沖。最簡單的方式是向銀行支付一定費用，以事先預定的固定匯率購買外幣，當然這會涉及手續費。或者，如果匯率對你有利，你就可以「鎖定」已知的匯率提前買入所需的外幣。以比較日常的事情來舉例，就像是你在去旅行前的幾週或幾個月，事先買進當年度旅行所需的外幣，這是你已經在做的事。

了解與匯率走勢有關的數學

匯率的漲跌令很多人困惑。在寫這本書之際，一美元相當於〇・七八英鎊，這意謂一英鎊等於一・二八美元。當美元兌換某種貨幣（例如英鎊）貶值，代表它所等值的英鎊較少（例如一美元從原先兌換〇・七八英鎊下跌至〇・六八英鎊）。當它升值時，情況則是相反，每一美元價值較多的英鎊。例如一美元從相當於〇・七八英鎊漲至〇・八八英鎊。在從事任何交易或投資前，要確保自己對匯率運作有透徹的了解。

> 對匯率存有疑慮，就用自己當地的貨幣來持有錢。

35

保留所有權

「當你交出所有權，就是為短期利益而放棄自由。」

無論你對額外資金的需求有多迫切，都盡量不要出讓持股，不管是對事業或所擁有的資產占比，例如房地產、藏酒等。如果出讓持股，代表你必須分享你未來的收益與成功。

我見證過不少值得作為警示的案例，在跟銀行的交涉陷入僵局時，我們就很容易接受舊工作夥伴的投資。我的某個客戶為了挹注事業成長，於是讓兩位舊工作夥伴各持有二五％的公司股份。如今這家企業已成長為價值數百萬美元的公司，幾乎沒有參與公司運作的投資人卻拿走了五〇％的獲利。

對於交出控制權要持謹慎態度。如果你把高占比的股份交出去，你就不再擁有獨自做決定的權力，沒有別人的許可和同意就無法行動。你在日後很可能會後悔，竟為了這筆在日後看來微不足道的投資而放棄了許多。

行動方案

尋找替代融資

出讓所有權應該是你的最後選項，行動前請先嘗試下列管道：

- 申辦貸款：但對於高利息的「高利貸」要提高警覺，能向知名的金融機構籌措資金是最理想的辦法。
- 其他形式的資金來源：跟客戶協商並提出誘因，他們或許願意提早支付款項；

供應商或許也會願意寬限你較長的信用期限。

請留意，抵押貸款會讓銀行或房屋抵押貸款協會（英國的金融機構）對你的住宅握有權利或留置權。銀行不會自動擁有你的新住宅，但它們有合法的追索權這麼做。這跟把公司的部分股份預先和永久讓予某人，以換取資金來擴大事業體或為它續命，大為不同。

賣力交涉

假如你真的必須出讓股份來換取資金，一定要守住最低限度的出讓持股額，力求為公司的股份談到比較高的價值，想想你未來會對今天談妥的這筆交易作何感想。抽身有時候可能是比較好的選項，極端的情況是把公司收掉勝過與新的大股東攜手。

在協議中訂定購回條款

試著跟新股東達成協議，對出讓的股份保有回購權。事先談妥股價在未來要如何計算與取得共識。

“

三思而後行，出讓公司持股會不會讓你後悔？

36

不要打如意算盤

「不要在挑揀和削馬鈴薯前，就賣成袋的薯片。」

謹防把紙上獲利、客戶合約、未入帳的投資利得或款項當成實際營收和財富來計算。你實際的入帳款項和報酬有可能會低很多，被拖款或賴帳。切記：

- 並非每個客戶都會按時或全額匯款給供應商。
- 合約上的好條件可能淪為紙上談兵。
- 你的高薪工作也可能會不保。
- 帳面上的投資獲利可能隔天就下跌。
- 帳面上的獲利不見得能轉換成手上的現金。

在錢財實際到手前，永遠不要把應付給你的款項當成真的現金來使用。

你自己創辦或身為股東的企業，可能看似很有賺頭，卻也負債累累，銀行戶頭裡沒有現金，甚至現金流為負也很常見。發生這種狀況的原因很多：

- 顧客沒有準時付款。
- 太多錢花在賣不掉的存貨上。
- 大筆錢投資在沒有效益的資產上。

如果你是獲利豐厚公司的股東，你會覺得自己富有；但如果公司負債累累到被迫清算來償還債權人，那就另當別論了。

行動方案

不要花不是百分之百會入袋的錢

在做支出計畫或給予別人承諾時，不要涉及還沒到手的錢，像是：

- 客戶或朋友欠你的款項。
- 你應該拿到的公司股利，但礙於現金問題而延遲支付。
- 尚未簽訂合約或是還沒開始的新工作。

人生無常，情況會有變。有些人的承諾無法兌現，有些人則是會耍心機。不要冒風險花用可能會跳票的收入，讓自己陷入左支右絀的困境，就像用買名車慶賀得到一份很棒的新工作，卻在試用期後沒被繼續錄用。

- 避免躁進，停看聽，有疑慮就先喊停。
- 不要變得貪婪或炫富。
- 在以任何方式消費之前，先確定自己擁有這筆錢。

> 如果收入還沒入袋，不要先把它拿來花。

37

建立人脈橋樑

「富人想賺人脈；一般人想賺鈔票。」

你最近結識新朋友是在什麼時候？建立人脈有可能會翻轉你的財富前景。全球會計集團安永（Ernst & Young）的已故董事長尤金・歐凱利（Eugene O'Kelly）在自傳中提到一則故事，他迫切想見到一位潛在的關鍵客戶，於是請助理幫他訂機票並指定座位，只為了能坐在潛在客戶旁邊。

就連成功人士也會不惜一切去策畫一場偶遇，所以，想想有哪些人可能在累積財富的路上助你一臂之力，他們可能是：

- 成功且富有，可作為你的學習榜樣。

- 擁有「凡事都有可能」的正面心態，能幫你把特長發揮得更好。
- 具備專業能力，可在你需要求教的議題上提供想法與建議。
- 擁有寶貴的往來人脈可以引薦給你。

與陌生人搭上線或是結交新朋友，都可能令你感到不自在。建立人脈絕非易事，需要練習，但只要你覺得它夠重要，你就一定可以辦到。

行動方案

第一印象舉足輕重

如果你很外向，自然就會花時間去與人建立連結。如果你比較安靜內向，建立人脈對你就比較棘手。你可以思考和排練如何自我介紹、如何描述你想要完成的目標，進而把話題轉向對方可以如何幫助你。

出席有益的會議與活動

你能出席的人脈活動有哪些？下列是給新手的一些建議：

- 成功投資人與企業家的人脈活動，例如YPO（前稱為青年專業人士組織〔Young Professionals Organisation〕）。
- 產業專屬博覽會。
- 商會活動。
- 不同面向的創造財富課程與工作坊。

經營雙向關係

在建立新的連結時，想想你能為他們提供什麼作為回報。不妨詢問對方，你能幫上什麼忙、能做些什麼來支持他們。我經常提供諮商服務，在領導方面給予建言，你一定也有可派上用場的技能。

保持聯繫

一旦建立起新的橋樑，就不要讓它坍塌。努力維繫關係，讓自己成為一名可以在專業上互助的朋友。

> 人脈很強大，在累積財富的路上，維繫與擴充人脈是你能幫自己的大忙。

38 投資房地產

「我喜歡不動產，看得到、感覺得到、觸摸得到，總會有人想在裡面生活或工作。」

你有很高的機率可以透過房地產賺進財富，或在其他地方賺到錢，再用這筆錢來購置房地產。全世界的富人都擁有房地產作為資產組合的一部分。

房地產的形式有很多種——獨立的平房或公寓，住宅開發建案或大樓，涵蓋土地、店面、辦公大樓、工廠和倉庫的商用房產。

它為什麼這麼受富人青睞？

- 一般說來，房地產價格的長期走勢都是上揚（它當然也可能下跌，通常是由於經濟衰退、供應過剩或房地產價格泡沫化所導致）。

- 房地產的形式和規模一應俱全且隨處可見，從昂貴豪宅到平價的學生套房，足以滿足各種品味和預算。
- 正常情況下，租金收入占了房地產價值回收的一大部分，也是很可靠的被動收入形式（本書後面會有進一步說明）。
- 如同黃金，房地產是不會輕易消失的有形資產——除非遇上地震或海嘯等天災。有形資產按理來說都比紙上投資來得實際且安穩。在美、英等國家，房地產投資皆受到良好的地權保護，房子或工廠很難讓人給偷走。
- 在全球所有已開發的經濟體中，都有提供購置房地產的融資方式。因此，你不需要支付全額就能買下房地產。
- 大部分國家都有房地產買賣市場。
- 你可以在自有的房地產裡生活或工作。

> 投資房地產是累積財富最常見的方式之一。

行動方案

一次砌一塊磚，打造房地產王國

資金不足，可以從小套房式的公寓開始，但要從今天就著手規劃，買得起什麼就以它為目標。現在就踏上房地產王國的階梯，好過等價格上揚後才進場。與購買自住房產一樣的好處是，你可以靠銀行融資購置第二或第三筆供出租的房產，租金收入設定在高於每月房貸和出租房產必須支付的費用。

地段、地段還是地段

選對地段很重要。就我自己投資房地產的經驗而言，地段很棒的通常都會增值且很快賣出。

篩選出優惠的融資條件

你的挑戰在於存到足夠支付頭期款以及相關手續費的資金，愈早達到目標愈好。除非你手頭的現金非常充裕，否則向銀行貸款購買房地產才是明智之舉。你只需要拿出購買總價的一部分百分比，像是一〇%或二〇%。

申辦銀行貸款或抵押貸款並不難。例如在英、美等國家，為數眾多的金融機構都有提供房產貸款或抵押貸款，還有一些很棒的網站能讓你在線上比較現有的借貸商品，例如 www.moneysupermarket.com（英國）或 www.bankrate.com（美國）。選擇抵押貸款要謹慎，尤其要避免純利息抵押貸款，因為在這種情況下，你只是定期償付利息卻沒有償還本金。

政府能怎麼協助你？

在英國，你可以善用政府的相關方案，像是首次購屋者計畫：助買（Help to Buy）、買地上權（Right to Buy）和共同持有（Shared Ownership）。在美國，首次購屋的房貸可向聯邦住宅管理局（Federal Housing Administration）申請。相較於銀行，這種貸款比較容易取得，條件要求也比較不嚴苛。其他國家也有類似的方案，像是新加坡的優惠組屋公寓。

39

錢來得快，去得快

「富不過三代。」

繼承財富的人大多數都會敗掉它。美國的財富顧問公司威廉斯集團（Williams Group）指出，富二代中有七〇%會敗光家產，富三代則為九〇%。同樣的狀況也發生在樂透頭獎得主身上——太多人都讓財富從指間漏光，在幾年內就揮霍完了。

天上掉下來的錢很難管理，很多在這種處境下的人，根本不了解把錢當成資本以錢滾錢的概念。若是遺產，你至少見過父母賣力工作賺錢，會比較懂得珍惜財富。

可惜的是，很多人不知道如何處理遺產，通常是因為父母不信任，或是沒有讓他們做好準備。美國私人銀行美國信託（US Trust）在二〇一五年所做的調查就反映了這個現象，許多國家都有關於財富被子孫揮霍殆盡的故事流傳，一點都不令人驚訝：

- 七八％的受訪者表示，子女無法擔負起財務責任來處理遺產。
- 六四％的受訪者鮮少或根本沒對子女透露自己有多少財富。

行動方案

向父母學習

如果你希望繼承財富，對於父母如何累積和維持財富就要感興趣。觀察並請教他們如何打理財務，可能包含了房地產、股票投資組合、與銀行的關係、課稅問題、境外信託等。

向父母請益能讓你明白日後面對的挑戰，提議陪同或代替他們出席重要的會面，例如跟銀行的顧客關係經理、股票券商、稅務會計師或房地產經理等的會議。

具備財務知識

成功繼承財富的祕訣在於，擁有對的知識和技能。你必須知道自己有什麼不足，需要專家的哪些協助和建議，並考慮參加金融和財富管理課程。

把錢當成像是自己苦幹賺來的

對於財富的正確心態並非渾然天成。假如有幸，父母從小就灌輸你正確的金錢觀，你就會知道花錢之前要三思，切勿貿然投資。假如你沒有這些條件，那麼在打理財務之前，閱讀本書並加以實踐，對你會有所幫助。

> 若是子孫會把財富敗光，你還會想賣力工作來累積財富嗎？

40

心懷感激

「不要忘記曾經對你施予援手的人，你無法預料何時會再需要彼此。」

財務成敗的差別可能僅在一線之間，某個人的小忙就可以產生決定性轉變。當今的某些億萬富豪都曾談到他們人生中的決勝時刻，取決於一個簡單的舉手之勞。香港的億級富豪李嘉誠是世界上最富有的人之一，擁有龐大的事業體和房地產王國，但一九五〇年代的他，是一個塑膠花的製造商，當時某位供應商答應延長他的付款期限，讓他的公司倖免於難。

我們都聽聞過有人受他人之恩而脫離困境的例子，無論是第一份工作上的良師或給予投資建議的貴人。在你尚未擁有足夠的財務知識前，這些對你而言都非易事。表達感激並讓對方知道，他們在你的人生中扮演的角色有多關鍵，這對你和拉過你一把的人來說都是好事。

行動方案

向眼前幫助你的人致謝

你或許還沒遇到為你打開機會之門的人，當你遇上了，記得要表達感謝並與對方保持聯絡，用力所能及的方式給予回報。長年以來，我的一位重要客戶把很多生意託付給我，我很幸運能以出乎意料的方式回報他——向他的子女提供學業與職涯上的建議。心懷感恩並表達感激，你永遠也無法預料，你與對方未來會為了什麼而再度交會。

"

誰幫助過你，你又幫助過誰？

跟過去幫助你的人保持聯繫

善有善報。有意識地跟過去幫助過你的人保持聯繫，就算是透過社群媒體（臉書、領英、Instagram 和推特）也無妨，也可利用 Line、電子郵件等通訊軟體分享文章和想法。持之以恆這麼做，你或許有天會幫上他們的忙，並在出乎意料的時候再次得到他們的援助。

41

清理過去

「看顧好你的信用，你的信用會回頭照料你。」

假如你有任何過去事蹟會在通往財務成功的路上絆住你，要正面應對。下列例子比你想的更普遍：

- 信用紀錄不良。多年沒繳的信用卡帳款可能會在多年之後拖垮你，妨礙你申辦貸款和抵押貸款。
- 在社群媒體上未經深思熟慮的貼文。不要讓過去的貼文成為你的阻礙，如果它冒犯某些人或讓人覺得腦殘，肯定會影響你的前景。
- 履歷造假。確保履歷上的職涯細節要正確，像是過去的薪資、職銜或擔任特定職務的期間，錯誤訊息有可能被抓包，導致你的信用受到質疑。

有些過去你無法改變——假如你曾收過法院傳票或有違法事件在案，你能使上力的就有限；但是要確保你把自己能掌控的事情都放在心上，並對世人展現出始終如一的樣貌。

行動方案

清理信用紀錄，用較低成本借到錢

登錄選民登記名冊，有助於申辦到抵押貸款。假如你沒有任何借款紀錄，要拿到抵押貸款的難度較高，即便申請到了，也可能被索取較高的利息。為自己製造一些像是信用卡的信用紀錄，確保自己每個月的帳款都全數繳清。在英國，透過出租交換倡議（Rental Exchange Initiative），就有機會把房租納進你的信用檔案裡；不妨參訪一些像是 experian.co.uk 或 capitalone.co.uk 的網站檢視你的信用評等，並看看你認為它準不準確。在美國可造訪 www.creditsesame.com、www.creditkarma.com 或 www.Experian.com 網站。如果沒有類似的管道，你可以上網提交信用報告查詢。

清理線上紀錄

不要讓你的線上歷史回頭傷害你。審視你過去所有的社群媒體貼文，包括臉書從頭至今的紀錄，重讀過去被按「讚」的貼文，自己都可能覺得尷尬。不妨考慮把過去的貼文設為隱藏，並停用

> 沒有永遠藏得住的祕密。

一些社群媒體帳戶。

在履歷上要誠實

如果你在履歷上誇大了過去的職銜與職責，或是刻意掩蓋失業期間，請如實重新編輯履歷。你沒有實際完成的學位或課程，也要據實以告，你已經成熟到足以和盤托出了。

解決法律問題

試著去解決尚未結案的法律案件。針對這一點，說的要比做的容易許多，但如果有針對你的索償或留置權可以撤銷，就按部就班去解決。

把失敗當摯友

「成功一直在等著你，就在走過失敗的地平線那一端。」

每年都有數百人動身去征服聖母峰，他們心知肚明自己或許還沒登上頂峰就會被迫折返。根據喜馬拉雅資料庫（Himalayan Database）記載，截至二〇一七年十二月止，確實登頂的登山客只有四千八百三十三人。二〇一七年，失敗率為三九%，一九二二到二〇一七年間，在登頂過程中不幸喪生的有兩百八十八人。但這有阻止人們繼續嘗試嗎？

致富跟攀登聖母峰一樣充滿挑戰。累積資產與報酬的路上危險重重，一不小心就可能跌落谷底：房價暴跌、公司遭到清算、共同基金價值崩盤等。

失敗的例子不勝枚舉，但我們要如同一名意志堅定的攀登者，聚焦於目標，並從失敗中學習如何繼續挺進。

行動方案

承認自己的恐懼

恐懼是人性。它可以回溯到穴居時代，人類每天都面臨可能喪命的危機，於是產生「或戰或逃」的本能。成功人士跟我們一樣懷有恐懼，但他們會拿出勇氣和決心來反制。

有三個你必須自問的重要問題，幫助自己評估如何進行財務投資：

一、**你害怕失去什麼**？要客觀且誠實，就算你的恐懼看似微小或無足輕重，也無妨。如果它們很瑣碎，也不用感到尷尬。

二、**你會錯失什麼**？如果不繼續進行投資或把握眼前的財務機會，你會錯過哪些好處和報酬？這筆收入對你而言有多重要？

三、**最慘的結果會怎樣**？如果你繼續進行投資，而你最糟的恐懼不幸發生了，你的存款、總財富、實現夢想的計畫會受到哪些衝擊？

降低災難性失敗的風險

克服面對失敗的恐懼，並不意謂著忽略風險。讓自己淪落到一無所有，是絕對要避免的情況。預防這等災難的方法有很多，包括學習如何管理風險、切勿把所有財富放在同一個籃子裡，以及尋求保護投資的建議。

> 許多征服聖母峰的人都不是第一次就成功，他們返回營地等待再次攻頂的機會，因為不放棄，這些第一次失敗的人最終都嚐到甜美果實。

43

創造自身的運氣

「運氣是一道簡單料理，由一些簡單食材烹飪而成——計畫、決心和賣力工作。」

有錢人通常都是幸運的人。一流的成功人士都有較為深層的走運模式，而不只是靠隨機的運氣中樂透。他們很容易受到幸運之神一連串的眷顧，發現自己在對的時間出現在對的地方，像是在科技新創公司起飛前就投資，或是在股價崩盤前剛好把持股賣掉。

心理學教授李察·韋斯曼（Richard Wiseman）在研究運氣後發現，你有多幸運關乎於你付出多少努力來留意契機與機會，並據此行事。這正是富人都在做的事。他們將自己置身於運勢較旺的處境中，創造機會並做好準備加以利用。

行動方案

多加挖掘

為了成為幸運之神一直眷顧的寵兒，你需要為自己創造什麼樣的機會？我很「幸運」地邀請到知名的領導力教練暨作家馬歇爾．葛史密斯（Marshall Goldsmith）為我的上一本書撰寫序文。之所以會有這樁美事，是因為我聯繫他並花時間與他熟識。不妨想想你要結識誰，並且需要出席哪些活動才能創造這樣的機會？

說到追求幸運，任何事都不嫌瘋狂。創造機會憑藉的就是有創意的思考。我在十五年前旅居香港時，迫切地想要見到大衛．貝克漢（David Beckham）以及與他一同來訪的皇家馬德里隊（Real Madrid）隊友。我為自己創造的機會，是主動去接洽香港足球協會

> 說到底，幸運不外乎賣力工作，積極進取，善用直覺與智力。

並提議為客隊免費翻譯。他們欣然接受，我也因此獲得許多跟大衛和其他足球明星交流的寶貴時間。這沒有絲毫運氣可言嗎？——嗯，除了在南美洲工作時有幸地學了西班牙語吧！

樂觀且相信

開始告訴自己，你值得好運氣；讓全身上下的每一個細胞都深信不已。這聽起來或許有點蠢，但有研究結果支持這一個論點。在你所認識充滿負面念頭的人中，有幾個是在生活上充滿好運和值得感恩的時刻？李察·韋斯曼研究了十年後的結論是，運氣是自我實現的預言，許多的好運和壞運都是心想事成的結果。

44

把自己當成公司，關注你的資產負債表

「每次遇到不知自己身價的人，總是令我吃驚。」

想像自己是一家公司，名叫「我責任有限公司」或「我股份有限公司」。這會衍生出什麼任務呢？最重要的一項就是追蹤公司的財務績效，維護財務紀錄和財務報表。一般來說，企業會編製三樣東西：損益表、現金流量表和資產負債表。營業額、費用和利潤是記錄在損益表，顯示公司的諸多營業活動有多賺錢。現金流量表是用以記錄現金的流入和流出。兩者同樣重要，但掌握資產負債表的明細則更加重要。

資產負債表會列出企業擁有的全部所有物（稱為資產），以及企業欠別人的一切（稱為負債）。把這些相加總就會得出企業的淨值，或是公司在當下的價值。以下是企業淨值為十萬美元的簡單範例。

固定資產	（單位：千元）	固定負債	（單位：千元）
房產	150	房產（抵押）貸款	120
機器	200	其他長期貸款	180
車輛	50		
資訊設備	40		
總固定資產	440	總固定負債	300
流動資產	（單位：千元）	流動負債	（單位：千元）
銀行現金	10	稅款（欠款）	10
顧客應收帳款（未付款發票）	20	供應商應付帳款（未付款發票）	60
總流動資產	30	總流動負債	70
總資產（固定＋流動）	470	總負債（固定＋流動）	370
總淨值（又稱總淨資產）＝總資產－總負債＝ 470 – 370 ＝ 100			100

註：「固定」資產和負債是指它的性質較長或永久，像是房子和抵押貸款。「流動」則是指短期內應收或應付的款項，像是信用卡帳款。

追蹤你的淨值

現在就來追蹤你的總財富到底有多少，把你擁有什麼（資產）和欠他人的款項（負債）列出來，編製屬於自己的資產負債表，試著將你的淨值計算出來。你可以製作Excel試算表，或是利用眾多的線上工具和應用程式。一旦編製完成，你日後就能輕易加以更新。

資產是對你有財務價值的物品，你應該記錄它們的市值，例如房子、車子和投資；負債指的是像應付稅款或銀行抵押貸款。

要鉅細靡遺地記下所有資產和負債並不容易，下列是常見項目供你參考：

可能的資產	可能的負債
• 房屋、土地和其他房產 • 汽車、機車、船 • 電腦設備 • 家具、機器設備 • 金融商品（例如股份、債券、共同基金） • 銀行餘額 • 退休年金 • 自營企業的價值	• 房貸（抵押貸款） • 學貸 • 車貸 • 向親友貸款 • 銀行透支額度 • 薪資貸款 • 應付稅款 • 應給付他人的款項，例如信用卡帳款

為將來的淨值設定目標

一旦掌握目前的淨值，就可依此設定自己想要在哪個年紀達成什麼樣的資產目標。這個目標必須與你在第三單元設定的財務目標相符。

45

堅守誠信

「建立在流沙上的成功一文不值。」

二〇一八年底，日產、雷諾（Renault）和三菱的聯合負責人遭到開除。身為全球頂尖的商界領袖人物之一，卡洛斯・戈恩（Carlos Ghosn）的成功令人難以置信，他在過去十年間賺進上億元，並將他的汽車製造集團推向巔峰。他的失寵跌破眾人眼鏡，官方宣稱的理由是，他對稅務機關謊報自己的薪水額度。很多人的成功都是建立在流沙之上，他是其中一例。

我們在追求財富時，很容易受到捷徑誘惑，違背誠信的方式不計其數：

- 偽造銷售金額、應計財務項目或其他數字，以確保能拿到全額的年終獎金，獲得加薪或升職。

- 賣車時謊報車子的性能，或是賣房時不告知附近的開發計畫，以便用最高價迅速脫手。
- 謊稱具備特定資格，以坐上薪資較高的職位。
- 為了借錢，向銀行、投資人、客戶、供應商、甚至家族成員說謊。
- 銷售來路不明的黑心商品，或拖欠應該支付的款項。

隨時都要堅守誠信，千萬不要抄捷徑。

“

切記，聲譽就是你的一切。

行動方案

睜大眼睛

謹慎觀察，不要任自己陷進任何形式的詐騙；留心自己可能犯下的誠信和倫理上的過失。這些陷阱有很多形式，例如某人報給你的明牌好到可能有內線交易，或主管希望你在年底動手腳提高銷售數字等。

面對這些情況，要有做好拒絕或迴避的準備。若是事證確鑿，就可舉發並通報有關單位。

引導他人

協助他人走在正軌上，提醒和鼓勵他們以誠信行事。

46

按兵不動

「每次我去維修尚能勉強運轉的東西，那該死的玩意兒就會掛掉。」

兩位行為金融學專家布雷德．巴伯（Brad Barber）和泰倫斯．奧丁（Terrance Odean）研究了上萬名美國當沖客的績效，發現交易**最多**的人賺得**最少**。事實上，最積極的交易客至少比最不積極的交易客少賺七％。

有時候，修補匠的傾向是一種力量，動手去做或重新規劃的熱忱很有用。危險在於，如果你把這樣的傾向套用在財務上，可能導致你的報酬變低。如果你深怕錯過投資機會，而聽從每一則理財建議並據以行事，你可能會在非常短的時間內透支。

培養耐性和長期的眼光，才是成功的最佳保證。如此一來，你就不會輕易受到每筆「好交易」的蠱惑。

行動方案

結構化和系統化

你是為了長遠目標而從事投資，在關於錢的方面，「設定好之後就忘記」經常是上策。切記，對金錢較為積極未必意謂著錢會比較多。

如果你手頭非常寬裕，或許能心存僥倖地放手一搏；但如果你的資金沒那麼充裕，採取不同的做法才是明智之舉。

- 思考你對現有的投資有多放心。了解它們各自所牽涉到的風險與報酬，並認清持有它們的理由。
- 決定哪些投資是你想要長期固守，哪些投資可以變現，以便騰出現金給更好的新機會。

- 覺察到新機會，馬上判斷自己是否對它感興趣。如果有，就去做功課並研究投資的利弊。
- 如果新機會顯然是資金的好去處，就變現報酬較低或較不重要的投資，或挪用既有的現金或借款。

有時候，沒壞的地方確實需要修理

假如你預料到某項投資未來會有問題，那麼調整你的曝險率才是商業上的好策略。例如房市現在很穩定，但如果你深信價格即將崩跌，脫手或許才是上策。

> 有時候，按兵不動是上策。

47

二手車是明智的投資

「價值——第一年還在，隔年就沒了。」

有些資產的價值跌得很快，而且方式常千篇一律到很容易預測。例如汽車依循的跌價模式就是很好預測的轉賣價值，相同的還有手機、冰箱、洗碗機、洗衣機……。

當然，跌價模式會因品牌和國家而稍有差異，但基本上大致相同：轉賣的價值一如預期地驟跌。會計師稱這種狀況為折舊或攤銷，價值下跌是為了反映耗損，而汽車和白色家電被稱為高折舊資產，就是因為容易耗損。

	汽車	冰箱
新購買的價格	$10,000	$200
第一年底的價格	$8,000	$130
第二年底的價格	$6,000	$60
第三年底的價格	$4,000	$30
第四年底的價格	$2,000	$0

現在，你不用是天才應該就可猜到，如果想要維持或累積財富，這些項目就不是你該投資或花很多錢的物品。

行動方案

為什麼要多付錢？

如果你知道你想要的東西很快就會跌價，為什麼要執著買全新的？我承認，我們有時候真的很想擁有最新潮的物品，但如果對每樣東西都抱持這種執著就未免太蠢了。

投資低折舊資產

當你投資你的本金，要跟價值肯定會下跌的事物保持距離。基於種種理由，所有投資物的價值都會有漲跌，但把錢砸在會自動喪失價值的資產上，並非明智之舉。如果車子或黑膠唱片是你鍾愛的收藏，那就買稀有的骨董車或未拆封的舊唱片。這些物品才能保值，長久下來甚至會增值。

48

挺直腰桿微笑

「你沒說話，不代表你沒在溝通。」

肢體語言是幫助你財務成功的強大工具。哈佛大學的艾美．柯蒂（Amy Cuddy）二〇一八年發表在《心理科學》上的研究做出結論，擺出開放或強而有力姿勢的人，在自我感覺和行動上會比其他人更強大。基本上，像超人那樣挺拔站立、雙手插腰或遠離身體，就會讓你感覺變強大。

較早期，有一份同樣發表在《心理科學》上的研究，是由加州大學柏克萊分校（University of California Berkeley）的兩位心理學家麥可．克勞斯（Michael Kraus）和達契爾．克特納（Dacher Keltner）發現，非口語的肢體語言會透露一個人的社經地位。社經地位是用財富、職涯和就讀學校等因素來判定。

善用肢體語言，可以讓你感覺良好，也可以把同樣的感受傳達給別人。筆直站立，說話清晰，臉帶微笑。重要的是，不要讓肢體語言跟你唱反調。紐約州柯爾蓋大學（Colgate University）的神經科學家發現，當非口語手勢跟你所說的話相違背，你要傳達的口語訊息就會喪失。換句話說，人們接收不到你要傳達的訊息。

行動方案

創造絕佳的第一印象

吉妮．威利斯（Janine Willis）和亞歷山大．托多洛夫（Alexander Todorov）的研究發現，在僅僅十分之一秒內形成的意見，跟在沒有時限下形成的意見高度相關。換句話說，我們可以在眨眼的頃刻之間就決定一個人有多值得信賴、認真、有企圖心、自信或強悍。

無論你想讓誰留下好印象，關鍵就在於頭幾秒。投資人、銀行業者、公司同仁、客戶，你面對的人很快就會對你這個人做出結論，所以你要：

- 準備妥當。預先想好你的衣著、鞋子、髮型和妝容等。
- 保持眼神接觸，握手要堅定有力。愛荷華大學（University of Iowa）針對求職面試者的研究發現，握手有力比無力更受到青睞。
- 不要垂頭喪氣、坐立難安。CareerBuilder.com 調查了兩千五百位徵才經理，三分之一的人都表示他們傾向於不錄取坐立難安的求職者。

> 行動像超人——你就可以是超人！

解讀別人的肢體訊息

你在跟銀行業者、事業夥伴、投資人和公司同仁交涉時，要確保自己有好好端詳對方。他們嘴上所說和身體說的，都要同樣認真觀察。如果你無法解讀他們的肢體語言，你可能會錯失一大半的訊息。

49

避免被套牢

「財富無關乎你的金錢總額，而是你可以運用的選項和額度。」

為了讓金錢成長，你通常要付的代價就是無法立即或免費動用這筆錢。這就是流動性和非流動性投資的差別。

- 最具有流動性的投資就是銀行等金融機構的活存帳戶——非常具有流動性，但支付的利率微薄。
- 投資房地產時，你必須等待出售時機才能把錢取回。如果你急需用錢而倉促賣房，售出的價格有可能比市場價格要低。當然，利用二胎房貸或出租房產來取得現金也是另一種選擇。

- 你可以提領定期存款，但可能會被收取手續費，更糟的是必須賠上存款期效內所賺取的利息。
- 如果你無法遵守約定的通知期限，從共同基金或其他投資工具提領資金可能被索賠很重的罰款。
- 有些投資會把你的資金套牢好幾年。年金是非流動性的儲蓄方案，通常連同壽險保單一起販售。

只有在你迫切需要金錢，或你投資的商品跌價而想要停損時，投資遭套牢才會變成問題。

行動方案

對自己的投資瞭如指掌

要避免無意間被投資套牢，以至於無法在需要時調動金錢。在簽下任何文件前，要養成逐條詳閱條文的習慣。

在編製資產負債表時，不妨加上一欄備註，為各項金融資產和投資附上簡短摘要：

- 各檔基金、銀行存款或其他投資要如何清算並取回資金。記下通知期限、通知的方式和對象。
- 提早贖回或把錢取回必須負擔的罰款和手續費。

“務必要逐條詳閱合約條文！

如此一來，萬一要緊急調動資產和投資，你已經提前部署妥當了。

保留一些現金

如果你的資產有一大部分是非流動性的投資組合，就要確保你預留的現金很充足——不是置於床下，而是容易聯繫的銀行或房屋抵押貸款協會帳戶裡。重讀第十九單元，研究一下如果要保留現金，你會選擇在手邊留多少錢。

有時候「套牢」才是明智之舉

把一部分金錢「套牢」在無法輕易動用的長期投資，不失為確保自己不亂花錢的好方法。

50

被動收入代表自由

「睡覺時還能賺錢，真酷！」

現在就來談一下，如果你停止工作，收入可以從哪裡來？你能不能勾勒出持續累積財富的藍圖？有錢人沒有這樣的煩惱，就算他們停止工作，錢還是一直滾進來。他們不用煩惱失去工作和沒有收入的祕訣，就在於被動收入。

被動收入有固定與經常性的特質，但不見得百分之百如此，金額與入帳時間或許也會有差異。下列是用較少或不花心力就能賺錢的項目：

- 裝修自己所有或繼承而來的房子，交給房產管理業者出租，並管理租客的日常問題。你則是坐領租金收入。

- 投資知名與績效良好的共同基金，就會收到逐季更新的消息，賺取年度獲利（報酬）。你可以把報酬留在帳戶裡再投資，類似於存款帳戶的複利效果，或是把報酬領出來。
- 經營訂閱制服務的事業，例如用戶付年費加入會員的健身俱樂部。投資成為匿名/非積極股東（silent/non-active shareholder），你就可每年領取配息。

行動方案

擬定被動收入的計畫

要如何創造被動收入，好讓你的收入流可以協助你實現人生和財務目標，而不用所有時間都被工作綁住？

可以從你感興趣或有能力投資的項目著手：

- 當房東，透過愛彼迎出租房產。
- 投資績優公司的股票，享有穩固的股息流入。
- 把資金交付給股票證券商或基金經理人，讓他們運用你的錢來使報酬和資本成長最大化。
- 投資幾家新創公司或中小企業作為隱形股東。這樣的被動收入不見得有保障，但一有進帳就會成果豐碩。

一週只花幾小時經營

一旦下定決心要創造被動收入流，你就必須管理你的時間，決定要投入幾小時來擴大和管理被動收入的流量，以及打算外包

> 被動收入可以不停入帳，帶動資本成長，就連你在睡覺也不例外。

多少資金給股票證券商、會計師或基金經理人。善用線上追蹤工具、投資網站和應用程式可以減輕你的工作量。

不要動用資本

資本是被動收入的來源，必須妥善照料。要讓它擴增或許不容易，但要避免把它花在不會產出收入的事物上，或在跌價時要及時停損。

51

當個有熱情的專家

「做你所愛之事，做到極致，別人就會愛你做這件事。」

如果你想要致富，就要變成專家。對於你在既定處境中所能賺到的錢，運用專業能力把它最大化，無論你是為他人工作、自營商，還是全職投資人。專家級員工向來更具價值、更搶手且薪資也更高；專家級企業主能將事業經營得更好；專業操盤手和房產開發商也能獲取更高的報酬。

要達到專家級能力就要下決心練習。你必須花時間閱讀、學習、傾聽和實作。需時多長因人而異，但絕不用花到經常被人引用的「一萬個小時」。

變身專家是一趟旅程，如果你知道自己當下身在何處，旅程就會較為順暢。在培養專業能力時，要確實評估自己在每個階段的程度，並誠實面對自己和別人的進展。

行動方案

你的專業能力為何？

比爾・蓋茲是早期個人電腦作業系統的專家，現在成了全球慈善和解決健康問題的專家；JK羅琳則是寫小說的專家。你實際或潛在的專業能力為何？想想你擁有的技術或才能，其他像是溝通等軟實力也要納入評估。

趁早培養對金錢的專業能力

早從二十幾歲開始，就要累積對金錢的經驗、知識與了解，因為這些是未來專業能力的基礎，也是創造價值與財富的根基。

享受變成專家

專業能力是隨著時間與練習而建立，要對沒有熱情的事物投注時間並不容易，但要期許自己勉力做到，律師或會計事務所就有不少合夥人並不熱中於法律或會計。

對不專精的領域多加留心

在自己不專精的領域從事投資，就要對不盡人意的結果有心理準備。你或許會發現自己賺的比此領域或組織中的其他人少，投資報酬較低，在房產上進帳較少，或是要比別人費勁才能讓事業起步。

如果一切最終還是失敗了，就付錢雇請專家來效勞。

> 假裝自己對有關金錢的事瞭如指掌，肯定會讓你損失錢財。

52

不盲從的勇氣

「如果群眾很窮，就不要跟著群眾走。」

逆勢而為很困難。人類傾向於追求心理學家所稱的社會認同（social proof）。如果別人做了某件事，我們就有可能跟著去做。賓州大學（University of Pennsylvania）的心理學家約拿・博格（Jonah Berger）在實驗中發現，如果受試者知道別人買了某樣東西，與其他沒有被告知別人偏好的受試者相比，他們去買同樣東西的機率至少高了一〇％。

只要談到錢，就要牢記一件事：絕大多數人都在做的事，你只要反其道而行就有可能獲利。絕大多數人在財務上都會不成功，但你會。

說到底，如果你要成為明智的投資人和財富創造者，就必須自己拿定主意。

行動方案

審視所見所聞的合理性

當你的周遭圍繞著一些具有說服力的人，對於他們強烈表達的想法和意見，你很難不買帳：「什麼，現在市場行情大好，你的投資組合裡竟然沒有黃金？」、「你說你在房市不振的這個時間點買了那裡的房產？」、「你怎麼還留著ABC公司的股票？我上個月就脫手了，不然看到這家公司如此垂死掙扎，我無法安穩入睡。」

對於聽到的建言都要進行評估，同時也要清楚自己做出選擇的理由、財務計畫和風險容忍度。

何時該反其道而行

有時候你需要跟著羊群走，有時候你需要逆勢而為；困難之處在於判斷跟不跟的時機點。在下列常見的情況下，你會怎麼做？

- 你持有股份的公司瀕臨破產，股價正在下跌。所有人都在賣出持股。你要跟著羊群走，還是逆勢而為？
- 你持有股份的一家《財星》五百大知名且成功的傳統企業，其年度業績報告非常差，很多投資人隨著報告出爐紛紛脫手股票，導致股價下跌。你要跟著羊群走，還是逆勢而為？

在上述兩種情況下，你都要去研究論據，採納建言，然後做出對自己有利的決定。

在第一個例子中，你或許認為股價在短期內無法回升，不適合固守持股不賣，如此一來，跟著羊群走就是合乎情理的選項。在第二個例子中，你或許在分析後做出判斷，儘管眼前股價下跌，但股價和公司績效終會回歸長期趨勢和移動平均線，在這種情況下，逆勢而為就是正確的決定——持有股份，甚或加碼買進更多。

決定如何行動是一連串學習和試誤的結合，最重要的是採納一流的建議。

> 有時候，你要跟從其他人在做的事；其他時候，你要走出自己的路。

53

一流的建議有其代價

「如果你覺得聘請專家很貴，那就得花錢來替外行人善後了。」

如果摔斷腿，你會躺在床上並上網查詢民俗療法，還是會去看醫生？瀏覽醫療網站絕對是比較容易的選項，但療效有多大？一如財務建議，對於簡單的問題，你或許只要上網去查：「哪家銀行的儲蓄利息最高？」、「哪些線上股票交易平台最受歡迎」或「我住的公寓租金回報率是多少？」

面對比較龐雜的金錢議題，你就需要比較專業、正確的建議。例如：

- 了解各種投資選項的稅務規則。
- 評估風險容忍度。

- 分析眼前的財務選項。
- 從養老金方案中提前領錢的利弊。
- 完成報稅或公司的財務報表。
- 決定如何擁有財富——以你的名義、公司還是信託？

創造財富的專業不等同於免費的全面健檢服務，你必須準備好為取得協助付費。以往，它的有效性或許令人存疑，但如今政府機構的財務諮商品質大幅提升，例如美國的CFP（理財規劃認證顧問）等機構，並訂有詳細規則降低民眾受騙的風險。

行動方案

從現在開始

如果你迄今一直在缺乏專家建議的情況下累積財富，支付專家小額手續費是值得你投資的錢。

- 找銀行顧問檢視你的財務處境。
- 上網尋求其他形式的建議，例如（英國）www.moneyadvice-service.org.uk 或（美國）www.wisebread.com 和 www.bankingsense.com。
- 向抵押貸款顧問諮商房屋融資的更好選項。
- 請會計師協助檢視或完成年度報稅事宜。

更上一層樓

在累積財富的路上，不妨考慮取得下列項目的專家建議：

- 開立境外銀行帳戶。
- 把財富移到境內或境外的信託，用合法管道把稅賦降到最低，並使財富繼承更簡便。
- 向銀行或股票經紀人定期諮詢金融市場的專業建議。

多方與人商談。如果某些銀行或股票經紀人設有最低投資門檻，你的資金或許小到無法成為他們的客戶，但如果堅持下去，你終能找到真正的好建議與幫助，即便是偶一為之也對你有利。

“ 你準備好為專業諮商付費了嗎？

設立家族理財辦公室

家族理財辦公室（family office）是受聘來為一個家族管理財富的專業團隊。你目前不見得用得上，但等你累積到足夠的財富並認為支付的費用合理，不妨就去成立。在二〇一八年的尾聲，《經濟學人》（*The Economist*）在一篇名為「超級富豪如何投資」的文章指出：「被大為忽略的是，家族理財辦公室已成為投資的一股新興力量，資產高達四兆美元，比避險基金還多，相當於世界股市總價的六%。」

54

適時適地

「了解自己在人生旅程中的位置，據以做出相應的財務計畫與行動。」

下列是我們在人生中通常會經歷的六個階段（可改寫成符合自己的情境）：

- 靠家人資助完成專科或大學教育。
- 開始第一份工作，收入足以打平開銷，但要存錢很吃力。
- 開始累積財富，透過擁有的第一筆房產，以及與另一半共同分擔生活。
- 養兒育女，一邊投資他們的教育，一邊擴大自己的職涯與財富。
- 成為空巢族，度過職涯的最後幾年，並在父母過世後繼承財富。
- 退休，照料自己的健康，並靠養老金和投資收入過活。

你目前是在哪個財務階段？知道自己今天的位置很重要，如此才能了解如何處理當前的財務，並且心繫尚未到來的後續階段。如果你是二十或三十多歲，可能很難想像進入空巢期或退休生活會是什麼模樣，但你終究會走到。

在各個階段，你某個時期的財務流入、流出與淨財富可能與另一個時期大相逕庭。理解這一點很重要，並把它納入你的財務計畫、行動與目標設定。

行動方案

把各階段的資產淨值最大化

下列是在不同人生階段必須考量的議題：

- 身為學生，在選擇科系和就讀的學校時，提早考量是否容易就業。試著把學貸降到最低，並在週末或假日打工，打工的經驗值要能有助於就業。
- 展開職業生涯時，試著避免對物質上的事物展現大手筆或支付過多租金。每月都要自動存下部分薪水，並保持隨時在尋找好康交易的「學生心態」。要安排旅遊和享受生活，但得符合成本效益。
- 隨著薪資成長，得決定要不要以快於最低或違約的速度償還任何貸款（學貸、抵押貸款、車貸、信用卡等等）。除了雇主提撥外，考慮撥出更多金額投入退休金方案。在美國即是最大化對401(k)的挹注，以便在將來為你帶來更多的儲蓄。
- 和另一半協定，財務是要合併還是各自獨立。以有意識的

> 在人生的各個階段，都要盡可能地維繫和擴增財富。

計畫來優化共同的應納稅額。

- 假如育有子女，幫他們開立儲蓄帳戶，並確保有申請任何的政府福利，好比說英國的兒童免除額。教導子女一般性的金錢、儲蓄和財務概念。
- 一旦成了空巢族，就需要決定是要繼續保留原來的房子還是換小一點的房子，並使用盈餘的現金來創造更多的被動收入。
- 詳加考慮借貸能否在退休前全部還掉，包括投資房產的貸款在內。

55

短期痛苦換取長期得利

「今天犧牲一英鎊，明天就會得到兩英鎊。」

今天讓自己手頭寬鬆，就累積不到未來的財富。有個非常常見的錯誤觀念是，最好現在盡量多借錢，盡可能拿到大筆的抵押貸款，並盡量將付款期限往後推。但你真的想讓未來的自己不斷處於償還今日借款的挑戰中嗎？

想像一下，你和另一半想買下要價五十萬美元的房子。有五萬美元是你們為了支付定金所存下，另外五萬美元是以各式各樣的財務投資來持有，並撥出了足夠支付所有法定手續費和其他成本的金額。你們目前的薪水總和所能負擔的月繳房貸約達三千美元，但每個月只還兩千美元會比較輕鬆自在，而且不會讓生活方式大打折扣。假設固定的房貸利率是四％。

哪種抵押貸款和還款時程看似最適當？

在此會有一些重大的決定是關於要借多少錢、多久，以及要把月繳金額拉到多高。為了有助於回答問題，試著想想：在三十年後，你會不會為了今天的決定而感謝自己？

行動方案

決定自己能忍受多大的短期痛苦

在這個例子中，請想想下列事項：

選項	借款金額	自身投入的金錢	還款年數	月繳	所付的總利息
A	$450,000	$50,000	30	$2,148	$323,413
B	$400,000	$100,000	30	$1,910	$287,578
C	$450,000	$50,000	20	$2,727	$204,459
D	$400,000	$100,000	20	$2,424	$181,741
E	$450,000	$50,000	15	$3,329	$149,147
F	$400,000	$100,000	15	$2,959	$132,575

- 維持你每個月可支配的收入有多重要，它能讓你保有相同的生活方式？你能不能摒棄現今的花費，好讓貸款還得快一些？你或另一半在接下來的幾年裡是不是很有可能獲得升職和加薪，使未來的月繳負擔比今日要來得輕鬆？
- 將五萬美元用作其他投資的報酬有多好？假如把它用在購屋上，你會喪失的報酬是多少？如果把可支用的十萬美元全數投入，那在需要資金的「雨天」時，你要怎麼辦？
- 就支付的利息總額而言，分為三十年而非十五或二十年所償還的總額大為不同，每月的還款金額也會有所不同。假如把它勾勒出來，你覺得把貸款早點還清比較好，還是整整花上三十年？要牢記的是，你或許會在全部還清前退休，端看你的年紀而定。

> 你必須為了將來的財富而在今天有所犧牲。

了解較快還清抵押貸款的好處

把在較短期限內還清貸款的好處詳加考慮清楚很重要：

- 你會比較快擁有房產，房產的總價值就會成為你的資產。
- 選擇出售房產並提升價格時，你所還掉的本金會比較多。這是千萬不要簽下還息不還本的抵押貸款關鍵理由之一。無論它在頭幾年條件看似多動人，本金都不會減少，因為你的錢全都只在付利息。
- 每月付息較多會為你帶來額外的稅負優惠，你可以用付息來減少報稅的收入。
- 假如房價下跌，你遭遇到負資產問題的機率比較小。換句話說，你出售的價格比較不容易比你的銀行欠債金額低。
- 假如將來在財務上面臨困境，可以再次抵押並尋求延展付款期限。

56

要念書，而不是娛樂

「富人有一部電視和很多書；窮人有很多部電視而沒有容納書的空間。」

你的夜晚是靠看電視還是閱讀來度過？你一個月會讀多少非小說書籍、期刊和雜誌？從來沒人研究過，但我敢打賭，閱讀和致富之間有其相關性。歷來我所認識的每位億萬富豪都強調學習與閱讀對成功的重要性。

- 李嘉誠說過，知識決定命運。他應該很懂；生於貧窮的他名列世界上最富有的幾個人之一。
- 比爾．蓋茲說：「閱讀激起我對世界的好奇。在我的職業生涯中，以及目前的基金會工作上，我認為它在驅使我前進上有所幫助。」

✔李察·布蘭森忠告大眾：「去閱讀他人所做的事，把對你管用的地方學起來，並使它順應你自己的生活。」

然而與非正式的終身學習一樣有益的是，你該不該回歸正式教育來幫助你變得更富裕？研究的確顯示，大學畢業生賺得比中學畢業生要多。在美國，皮尤研究中心（Pew Research Center）於二〇一四年的研究中斷論，「中學和大學畢業生的年收入差距中位數是（每年）一萬七千五百美元左右」。英國教育部的研究指出，「二〇一六年時，工作年齡（十六到六十四歲）的畢業生平均（每年）比非畢業生多賺九千五百英鎊，研究生平均（每年）則比大學畢業生多賺六千英鎊」。

這些高出的平均薪資或許會打動你，但它的確會因主修學位不同而大有差異，而且額外的收入本身並不保證你會達到財務自由。

最後要一提的是，當今的超級富豪很多人在十六或十八歲就離開了學校，有的則是在畢業前從大學輟學！

行動方案

培養你的學習習慣

養成習慣可能要花上幾年，但一天至少閱讀和學習三十分鐘會使你獲得豐厚的回報，因為你會接收到新的想法並學到新技術。瀏覽財經雜誌和報紙，像是《企業》（*Inc.*）、《投資人紀事》（*Investors Chronicle*）、《哈佛商業評論》（*Harvard Business Review*）、《經濟學人》、《單眼鏡》（*Monocle*）、《時代》、《策略加分》（*Strategy Plus*）和《金融時報》（*Financial Times*）。閱讀世界各地的報紙——你會驚訝於眼前出乎意料的新見解與事業想法。

> 改變習慣並不容易，但努力後會有豐厚的回報。

建立非正式學習

嘗試以下列為起點建立非正式學習：

- 閱讀企業家的傳記。
- 習慣閱讀公司的年報表，以幫助你選擇要買哪些股票。
- 尋找以創新、設計思考和創意為題的書，以幫助你擴大事業。
- 閱讀自助學習書籍，找到方法來提升溝通技巧、自信或推銷本領。

心智鍛鍊法

實行「一天三十分鐘」的心智鍛鍊法則，找時間閱讀、學習和做研究。去做任何你需要讓它產生成效的事；使用Kindle或iPad，或是在日常通勤時收聽有聲書，瀏覽或速讀。使出各種手段成為一名終身學習者，忘掉舊有的並重新學習。

57

不受悲觀消息左右

「有人死於車禍，你會不會把車賣掉從此不再開車？」

我們每週都會讀到各種頭條新聞：

「股市下跌，今年漲幅化為烏有。」

「油價崩盤震波影響全球市場。」

「英國正瀕臨脫歐所引發的經濟瓦解。」

「債務膨脹重壓下，歐元區正面臨內爆風險。」

媒體都愛聳動的頭條新聞，沒什麼比恐懼、擔心、焦慮和負面消息更吸睛。對報紙編輯和電視主持人來說，比股市指數、通膨和房價下跌的圖表更令人情緒波動的事可說少之又少。我很訝異的是，我們竟沒有因為這樣，將所有的財富藏在床底下或是換成金條。咦，這標題很不錯，可以多賣出幾份報紙。

你必須知道有事在發生，但不要盲目相信所聽到的每件事。很重要的是，不要為了企圖保護投資而主動對新聞報導做出反應。當媒體報導談到柴油車的末日時，並不表示你必須急著脫手汽車產業的股票和債券。反而要去探查真相。

行動方案

認識基本面

分析你所投資的資產基本面是做決定的根基。對資產的穩健度、價格和前景要有概念。就你考慮要持有其股票或債券的任何公司而言，基本面包括：

- 營收基礎穩不穩定？
- 既有的競爭大不大？
- 原料成本和供應有沒有問題？
- 毛利高不高？
- 產品線以及研發和投資的規模為何？
- 公司所持有的債務規模、類型和到期日為何？
- 公司的現金流如何，包括配息和庫藏股的穩定性與規模？
- 公司業務在多大程度上不會受到景氣衰退影響？

財務報表和財務比率是我們會探討到的事項，加以學習能大幅提升你對公司基本面的了解能力。

就市場指數（好比說那斯達克〔Nasdaq〕或富時100〔FTSE100〕）、個股、外匯或其他可交易資產而言，你需要去了解圖表上顯示的歷史價格走勢以及買賣的股數，以判斷價格走勢是

> 在鋪天蓋地的頭條新聞外，要針對你所投資的金融商品和事業去了解事實和基本面。

否可能持續。

慎防太過正面的消息

當媒體和金融分析師在大談某種資產類別、產品或指數前景看好時，所適用的邏輯相同。一如你在股票下跌時會做的事，停下來去看看基本面。如有疑問，就付費尋求專家的建言與意見。對大部分的人來說，分析圖表和基本面真的很乏味，而且非常耗時。基金經理人則是拿錢辦事，所以不妨考慮把錢交給他們，自己聚焦於其他類型的資產，好比說房地產。

58

投資於你樂在其中的事物

「只投入於萬一市場結束，你仍會樂於保有和使用的事物。」

當你的工作會把你搞瘋，你就不可能成功。沒有人能在他們不樂於其中的差事上，始終表現出色。你會犯錯、感到厭倦、忽視細節，並對發揮創意與創新缺乏動力。沒有一位百萬富豪或億萬富翁是透過他們所厭惡的活動來獲得財富。

無論你對什麼著迷，其中都會有激發人心和有趣的賺錢方式。你只是需要找出自己對什麼感興趣，且能產出金錢作為附加價值。對我來說，這意謂著：

- 裝修舊房產出租或出售。
- 寫書啟發他人，為我帶來固定的版稅和演講邀約收入。

✔打造領導力輔導和訓練事業。

即便在這些懷有熱情的事物上，我仍有偏好。我只買我可以想像自己想要住進去的房子，而且有時候我真的就去住了。我只寫主題讓我感興趣的書，我只輔導和指導合作起來會讓我真的樂在其中的客戶。

行動方案

嘗試錯誤

在實際做過前，很難知道你會不會對某件事樂在其中。你可以靠想像、直覺感受，或受到他人的熱情所激發；但唯有當你親自去嘗試某件事，你才能實際看出它有多使你振奮、有動機、感興趣和具備熱情。

即使如此，你或許還需要一些時間來取得平衡的意見。剛開始你可能只是看中它的新穎，並對於從事新事物的快感樂在其中。另一方面，身為新手，你或許會不知所措而太快抽身。

樂在其中有助於你度過低谷

當市場下跌，你無法脫手或賣掉手上的事物時，對你花費時間和金錢所做的事物樂在其中會帶你度過逆境。想想看，被套牢在那些你喜歡持有的資產、投資和房地產上，會好過被套牢在你所厭惡的東西多少倍。

> 有什麼事能讓你樂在其中，又可以順便賺到錢？

坦然對待自己缺乏熱情的工作

記住，最大的財務機會不見得向來都落在打動你的資產和差事上；有時候它純粹只關乎從銀行弄到錢。對於不喜歡的事物也要準備好隨時動手去做，這樣才能大半時間聚焦在你所熱愛的事物上，無論是房產、新創公司、衍生商品、權證……只要你高興就行。

59

聰明工作

「你隨時能賺到更多錢，但永遠買不到更多時間。」

精疲力竭會使你永遠找不到機會享用你的金錢或時間。而且假如你一年工作五十二週外帶一天十八小時，你就會過勞。

留意拚過頭的警訊。你是不是早上五點就起床，每天都行程滿檔，直到晚上就寢為止，追逐著好幾個目標，並驅使自己去完成不切實際的當週待辦清單？我們時不時會這樣做，但倘若成了常態，就是該踩煞車的時候了。

騰出時間暫停、充電、反思和探索。看看世界上最富裕的人是怎麼找到平衡，從李察・布蘭森在內克島（Necker Island）以散步和閱讀來展開他的早晨，一直到傑瑞・史菲德（Jerry Seinfeld）每天都騰出時間來冥想。

財務目標是為了引導你和讓你聚焦，但你絕對不該成為它的奴隸。如果你需要比一般人更加賣力工作，那你就必須比一般人更有效率地工作。你需要利用時間做出自在和可持續的選擇，好讓你能搞定重要事情而不搞垮自己。

行動方案

要斤斤計較

無論你是員工、投資人或企業家，對時間都要精打細算。觀察自己是怎麼運用時間，並以此對照你**需要**如何運用時間。

辨識出能為你所用和能簡化或刪除的活動

監控你的日子並做任何必要之舉使其更具效率：

- 有沒有任何瑣碎和不重要的分心是你能避免自己陷入的？
- 哪些活動能加以刪除或簡化？
- 你是不是被太多的會議綁住？有沒有任何會議是你能跳過，或只出席與你切身有關的？

自動化、外包和委託

賺錢通常牽涉到多項活動，從保有正職到把時間和金錢投入其他的事業。時間壓力可能會累積，不妨找出容易、兼具成本效

> 真正的財富不是用財務來衡量，而是用你擁有的時間。

益、具變化性、可自動化的差事交給他人來代勞：

- 付費聘請會計師為你作帳。
- 僱用房產經理人。
- 改用自動化的銀行服務。

建立團隊

你不可能樣樣工作都自己做。稍後在書中，我們會看到要怎麼僱用能幫助你達成財務夢想的人力。

60

善於傾聽

「我從沒見過有哪個成功的人不善於傾聽。」

當有人說「我有聽到你的話」時，向來都會使我發笑。聽到某人說了什麼與傾聽完全不一樣。當你傾聽時，你會接收資訊、處理、學習，並把它套用在決策上。

作為一名好的傾聽者是建立財富之必需，因為不傾聽的後果可能導致財務災難，不管是沒能聽從財務顧問的指點而投資了錯誤標的，誤解重要客戶的憂慮而失去了客戶，或是沒能聽出房客的要求是要結束租約的暗示。

人很容易欺騙自己而自認善於傾聽。在埃森哲（Accenture）二〇一五年的全球研究中，接受調查者有九六%聲稱自己是好的傾聽者，但也坦承會分神和一心多用。不要被矇騙了。洛夫・尼可斯（Ralph Nichols）和雷納德・史提芬斯（Leonard Stevens）在明尼蘇達大學（University of Minnesota）的另一項研究揭示了真相。它斷論「**一般人剛聽完某人說話後，對自己聽到了什麼約莫只會記得一半，無論他自以為聽得有多留神**」。

傾聽很難。心智隨時都在奔馳，焦點不斷在過去和未來之間轉換，而且就像其他每個人，你會充滿焦慮和煩惱。所幸主動傾聽的本領很容易學習與改善。

行動方案

練習主動傾聽

為了自己和所互動的每個人，要確保你有好好傾聽。**他們**會感覺受到重視和尊重，你則會更為通達。

- 身在當下。傾聽他人時要坐著或站定。對方在說話時，把手機收起來並看著他的臉。在電話中傾聽時，把眼睛閉上。在視訊會議中傾聽時，注視著電腦螢幕。
- 表現出你正在傾聽。點頭，表示同意，說「我懂」、「我了解」。不要插話。
- 某人在講話時，停止在腦中盤算你打算說什麼來回應，聽對方講就好。
- 對方講完後，停一下，在腦中消化他們的話。
- 在給出答案或辯解前，要討論並同意彼此有共識。
- 向對方（和你自己）表現出你了解他們在說什麼。摘要一下他們所說的內容。
- 提問釐清式問題，以確保你自認聽到的就是對方實際想說的話。尤其是涉及情緒，且某人的話不見得是百分之百清

> 要當個更好與更富有的人，就要學會傾聽。

楚和客觀時，這點非常重要。

✔ 將討論的事項隨即筆記下來。把摘要用電子郵件傳送給對方，再次確認你有聽進對方的話。

61

不要在稅務上造假

「納稅是活在現代社會要支付的代價。」

到某個時間點，我們就必須談到稅，它並非最受歡迎的主題。面對現實吧，沒有人愛繳稅，倒是有很多人愛逃稅。

台面上向來都有不少顧問會幫你到處省一點錢。在某種程度上，這或許是累積資產看似不錯的方式，但假如你清楚自己在法律上站不住腳並沒能為社會做出貢獻，你就不會真正富有。

如果你需要更多乖乖納稅的誘因，想想那些被逮的人吧。每年都有數十名百萬富豪遭指控逃漏稅，最後常常都得支付罰款、訴訟費和補納稅金；遑論聲譽受創，影響未來在產出收入上的前景。

它並非向來都是非黑即白，有時候你甚至不知道自己在逃稅。你可能天真地以為自己是以合法的方式把個人或公司的稅降到最低。

行動方案

支付公道的占比

把稅款降到最低的方式有很多：空殼公司、境外公司、信託、對收入有不同認列、一定的扣抵、鑽漏洞。可行方式有無限多，能省下的金額可能很龐大。彭博（Bloomberg）曾報導，透過在像是愛爾蘭、尼德蘭和百慕達等地運用空殼公司，谷歌（Google）光是在二〇一六年就合法省下了三十七億美元的稅。有錢人會支付高額的手續費給顧問協助他們遊走法律間，同時把曝險稅額降到最低。你可以比照辦理。沒有人要你多付。

同時要謹慎的是，雖然技術上合法，但鑽漏洞卻有違道德。你可以心存僥倖，但你很清楚這樣做不對。秉持正確的價值觀與道德準繩，如此一來，你在支付公道的稅額占比時就會相形開心——利用許可的免除額和扣除額，但與任何可疑的方案保持距離。

把免稅儲蓄方案最大化

去打聽政府在你的居住地區推出的免稅儲蓄方案，很多國家都有。在英國，你可年年在個人儲蓄帳戶（Individual Savings Accounts）中投資一定的限額，所賺取的利息可免稅。二〇一八／一九年的年度納稅免除額為兩萬英鎊，你可以將其投資在個人儲蓄帳戶的各種組合上，例如個人現金儲蓄帳戶七千英鎊，個人創新金融儲蓄帳戶三千英鎊，以及股票和股份的個人儲蓄帳戶一萬

> 別傻了，沒有人是靠逃稅致富。

英鎊。

申報要確實

隨著資產和收入流的累積，就到了該請人幫你完成年度報稅的時候，確保所有的收入來源和相關費用都經過你們雙方認可。不要天真地允許會計師低報你的收入，或是對免除額認列不正確，還以為他們是在幫你一把，並不是好嗎。

62

知道何時該辭掉正職

「努力實現你的目標和夢想，或是讓別人付錢給你為他們工作。」

當今的富人大部分都曾是領薪水的員工，他們大多數走向擁有自己的事業，或是經營和擴大各式各樣的投資。也有例外。你在某些職務上可以成為百萬富豪，但僅止於某些特定專業，僅舉幾個例子像是法律、會計、投資銀行、股票證券商和交易員、科技新創公司、外科醫生、建築師。在美國，根據美國人口普查局（US Census）在二〇一八年的調查，所有受僱員工的年收入中位數是六萬一千美元，二十五歲是三萬四千美元。在英國，國家統計局在二〇一七年計算出，全英國的平均年薪是兩萬七千兩百七十一英鎊（大約一百零參萬台幣）。

從穩定或夢想的工作中抽身或許是實現財務夢想的跳板。令人驚奇的故事和啟發隨處可見。以艾瑪·甘儂（Emma Gannon）為例，她放棄了在倫敦出版集團康泰納仕（Condé Nast）的夢想工作，轉而追求自己的事業計畫，她今天的成就包括當紅的「Ctrl Alt Delete」播客和幾本暢銷書。或是瑞克·威茲爾（Rick Wetzel）和比爾·菲爾普斯（Bill Phelps）辭掉了雀巢（Nestlé）的工作，在美國打造出威茲爾椒鹽脆餅（Wetzel's Pretzels）連鎖麵包店。

去搜尋那些人們醉心於夢想而從穩定的工作中抽身的故事。看到他們是如何只靠想法或熱情就著手創造出財富和圓滿，真的會帶來啟發。

你會無限期地當個上班族、設定一個辭職期限、還是現在就跳出來自己當老闆？

行動方案

知道自己是受何驅使

假如你正在考慮辭去正職，就得細想你的動機。你是在逃避什麼，還是這真正是一個機會去增加你的財富和做你夢想做的事？

加以準備

不要沒有計畫就捨棄正職。還在工作時就要為離職做準備，而且如果可能的話，最好準備到副業已經在為你賺錢，並預備要成為本業的程度。利用你尚在當員工的安全時間來：

> 你的挑戰在於，知道什麼最適合自己。

- 習得所需的本領。
- 在晚上進修或是取得專業協會或機構的認證。
- 建立人脈與往來，讓你能向對的人學習。
- 考慮在閒暇時間開創其他的冒險事業。

沒有所謂的最佳時機

對於辭職不要耽擱和延遲。行動前尋求導師和其他人的建議、鼓勵和支持。

確保自己適合創業

留在社會主流的工作上也無所謂。不是每個人都適合承擔創業、或純粹在家投資理財的不確定性、風險、壓力和責任。在辭掉正職前要深思熟慮，而假如在內心深處，你瞭悟到自己偏好當員工，那這就是接受它的時候了。

63

提防生活水平的通膨

「不要為了炫耀而買任何東西，沒有人會在乎。」

比爾．蓋茲曾在彭博的訪問中回憶說，在一九七〇年代後期，靠著擁有微軟（Microsoft）帶來第一筆現金的意外之財，他為自己買了生平第一部車，是保時捷（Porsche）911。那當你的財富開始上升時，你會怎麼做？你是會提升生活品質，買最新款的跑車、換更大的房子、申請俱樂部的會員資格、來趟異國假期、訂做昂貴服飾，還是送小孩去念菁英私校？你為了它而打拚，沒錯，享用它是你所應得。

沒有人會阻止你享用新獲取的財富，但假如你已經有車子，為什麼只因為薪資增加就要把它換掉？假如你喜歡現在的房子，為什麼當投資獲利增長時，就要搬到豪宅社區？當你自動想要升級，而且一切都要是最好的時候，危險就來了。它叫作生活方式的通膨（Lifestyle Creep），意指提高開支和承擔額，以便與增加的薪水相稱。這正是大多數樂透得主會在幾年內就把財富花光的原因。

生活方式和支出的選擇不應該用來反映你的財富和炫富渴望，應該反映自身的需求和價值，如同華倫．巴菲特。據報導，他還是住在一九五八年以三萬一千五百美元所購置的同一座宅邸裡，開的是二〇一四年份的凱迪拉克（Cadillac）XTS。

行動方案

隨著收入提升，支出的百分比應該要下降

聽起來或許太過完美，但當薪資提升，將增額的收入存下來，分毫都不要花掉。例如你每個月的稅後月收是兩千八百美元，你獲增八％而來到三千零二十四美元。不

要讓額外的兩百二十四美元變成逐月的開支，而是要設定或調整成自動扣款將它轉存進儲蓄帳戶，理想的做法是在你領薪水的當天。希望你已經把之前的薪水存下了一些，兩百二十四美元則是外加的儲蓄。

假如不然，對於額外的兩百二十四美元，你就會把每一分都開心地花掉。就每個月而言它並不算多，對吧，除非你意識到經過十二個月後，它將為你帶來額外的兩千六百八十八美元，兩年後則是五千三百七十六美元。此刻它正在開始順利累加呢，說不定可以貢獻在你首次購買房產的頭期款上。

同樣地，當你從年終獎金、遺產或不在計畫之列的配息中，賺到意料之外的單筆金錢時，就要全額存下來或投資。

“不要為了掩飾不安和自卑，而掉進花錢的陷阱。

有錢人並非總是買「高級時裝」

要養成的好習慣是，在出門前把購物清單給寫好。想買不在清單上的任何東西前要讓自己停下，只買你所需要的。聽從華倫．巴菲特的建議：「**假如買了不需要的東西，你很快就會把需要的東西給賣掉。**」

不需要當白老鼠

把那些「我一定要第一個去買新款 iPhone」的購買欲降到最低。這通常只是虛榮或缺乏安全感下的購物，而非你生活中需要的東西。

64

搞懂數字

「一個金融文盲的社會正在成形。」

很抱歉把「金融文盲」冠到了你頭上，但假如你想要擴增財富，就需要變得有金融素養。這意謂著在投資、會計和金融的世界裡，要準備好去了解各式各樣的層面。

你需要有技能和知識來：

- 對財務做出明智而正確的決定。
- 了解你的資金和投資狀況。
- 能夠比較眼前的選項。
- 正確評價資產、價格和市場走勢的原因和衝擊。

✔ 對風險與諸多可能的結局感到自在。

在開始聚焦於建立財富時，我很幸運地已經是一位合格的會計師和前財務長。你不需要成為合格會計師、稅務專家或特許金融分析師，但至少，我鼓勵各位要密切注意本書所述及的內容。即使你打算把許多財務決策外包給他人，像是股票證券商和基金經理人，了解基本概念也有助於你關注財務顧問和會計師代表你所做的決定與行動，並有能力與他們討論財務細節。

行動方案

回頭進修

選修線上課程、閱讀相關著作和念夜間班。你可以選擇的主題例如：非專業財務經理的財務學、精通個人財務、了解投資與交易。請專家教你，並邊做邊學（要謹慎以對的是，在過程中不要賠掉任何財富）。眾多的一流網站上有精彩的解釋和詞彙表，好比說www.investopedia.com。試著開始閱讀《金融時報》，《投資人紀事》和《經濟學人》。並著手針對你所投資的市場去了解圖表上所顯示的價格和價格走勢。

至少，要學習並了解：

> 是時候教育自己了——你準備好了嗎？

- **資產負債表**：詳閱第四十四單元。
- **損益表**：記住，損或益乃所有銷售額和所得營收，減掉所有費用和經常開支的差額。利益的定義有很多種，像是息稅折舊攤銷前利潤（EBITDA）和營業淨利。它們要嘛是稅前，要嘛是稅後的利息、折舊等。
- **財務比率**：你需要知道的數字包括毛利率或淨利潤率，以及資本回報率。
- **複利**：詳閱第二十八單元。
- **貨幣淨現值**（NPV）：今天所賺的一百美元和一年後賺到手的一百美元並不等值。以今日的錢所能賺取的利率來看，將來所賺的一百美元事實上少於今日的一百美元，例如九十五．二四美元以年利率為五％來計算，等到一年後就會增至一百美元。
- **匯率**：詳閱第三十四單元。
- **投資術語**：在投資股票、債券、衍生商品、指數、基金等前，要了解它是什麼，學習它是如何與為何變動，以及市場上所用的術語，好比說投資報酬率、每股盈餘、本益比、利差、買盤價、市價、遠期合約、權證和流動性。

資產百分比走勢：詳閱第八十單元。

65

累積樂觀

「杯子總是半滿。」

美國心理學家芭芭拉．佛列德里克森（Barbara Fredrickson）研究了正向和樂觀的衝擊，她的知名成果叫作擴展與建構（Broaden and Build）理論，結論顯示：

- 樂觀和正向會增進解決問題和專注的能力，它會擴展大腦的容量。
- 悲觀則會降低大腦的執行和創意能力，因為它會降低前額葉皮質的功能。

假如你在感覺與行事上負面且低落，你就會發現難以達成具挑戰性的財務目標。悲觀會妨礙你以熱情和熱忱來工作，並降低你啟發和激發與你共事的人之能力。在對於一項新聘保險業務團隊的研究中，著名的正向心理學家馬汀．塞利格曼（Martin Seligman）清楚證明了這點。他發現，樂觀的保險業務員所賣的保單比悲觀的同事多了三七％，悲觀者把精力浪費在不正確的事情上。

行動方案

聚焦於結局而非問題

紐約大學（NYU）心理學教授歐廷珍（Gabriele Oettingen）把樂觀定義為，期望和判斷自己將來能做到某些事；這就是你必須聚焦的地方，把注意力擺在你有能力以及會達成的結局上。在

> 你準備好開始樂觀和正面思考了嗎？

這個過程中，可以幫上忙的一件事在於，細數自己迄今所達成的事蹟。開始寫日誌把待辦清單和已達成事項清單結合起來。

不要像塞利格曼的悲觀保險業務員一樣，避免專注於出了什麼問題。對這樣的細節要有所覺察，但不要糾結在上頭。

避開負面的人

跟悲觀者保持距離。對於事情為什麼做不到，我們都認識某個會給你一百零一個做不到的理由之人。遠離他，人生苦短，連一分鐘也不要浪費在忍受過度負面的人。

慎防過度樂觀

以務實來平衡樂觀。有些領導人和企業家過於正向到盲目樂觀，深信會有什麼好事發生。這肯定能幫助你擊倒阻礙和懷疑論者，但也能讓你昧於現實。隨時傾聽他人，並試著理清實際上是怎麼回事。

66

認清事物的價值

「當你能用半價買到東西，為什麼要付全額？」

價值投資是非常簡單與強大的做法。概念在於，如果你知道某物的真實價值，你就能省下很多錢，只在它低於實際價值時才買進，不管它是在特價、拍賣、賤賣，還是其他任何削價理由。

投資人將這種真實價值稱為內在價值（Intrinsic Value），而且向來力求所購買的資產是以內在價值的顯著折扣來交易。價值投資源於股市投資，使它聞名天下的則是班傑明・葛拉漢（Benjamin Graham），著有過去六十年來許多投資人的聖經《智慧型股票投資人》（*The Intelligent Investor*）。

在下頁的簡單範例中，你可以看到市價低於內在價值。在所有這三個例子中，所謂的折扣或潛在上檔的差距都是六十美元，但以百分比的角度來說，差距則是各異。持有諸多被低估的股票就可視為高報酬、低風險的投資組合。

只不過，要估計股票的內在價值並不容易。它涉及許多變項，從本益比和公司的基本財務績效開始，然後拿這些來比較業界和股市的平均值。股市裡匯聚了成千上萬以金融機構模型、分析和高速股票交易平台為後盾的專業投資人，要跟他們競爭並不容易。但身為個體戶的股票交易者，你可以「與他們共游」，像他們那樣尋找被低估的股票。假如你

股份	股份的內在價值	股份的當前市價	折扣或潛在上檔（占當前價格%）
A	$100	$40	$60 (150%)
B	$120	$60	$60 (100%)
C	$150	$90	$60 (67%)

> 你為什麼要買價錢超過內在價值的東西？

沒有自信這麼做，就把錢交給基金經理人，讓他們的團隊來替你搜獵。

行動方案

將價值投資原則應用在所有的創造財富上

你不見得有時間和專業能力去找到低估的股票和其他金融市場商品，但你能在其他方面應用這個原則：只買低於市價的資產。

- **當沖**：假如你真的決定要自己管理你的股票投資組合，就要準備投入時間研究，聚焦於你了解或容易了解的股市和公司。舉個我聽過的例子，倫敦某大型製藥公司的退休主管只投資大型製藥公司的股票。聚焦於熟悉的產業，他便能找到價格偏低的股票。

- **房地產**：以市價折扣購置房地產正演變成常見的賺錢手法。像這樣的房產可以不做何更動，待市價一漲便以「現狀」脫手（賣出）；否則就是在賣出前將房產加以裝修創造價值。要提高房產的價值，很常見的方式是增加房間，把閣樓變成臥室，增建地下室和溫室。根據梭巴（Zopa）於二〇一七年針對在英國從事裝修的調查，任何裝修成本的平均報酬為五〇%。每件裝修案的平均獲利是八千英鎊（大約三十萬台幣）。
- **其他類別資產**：在尋找被低估的股票和房子時，也適用這套邏輯，它可以被應用到所有類型的資產上，包括黃金、藝術品、汽車和事業體。

67

開創自己的事業

「有時候，達成夢想的唯一方法是創業。」

百萬富豪們大部分都是自僱，替自己工作和赤手空拳建立事業在眾人眼中被視為終極的自我實踐，所以會有許多人投入這領域便不令人訝異，自行創業者的成長速度驚人。MBO合夥（MBO Partners）表示，自僱的美國人在二〇一八年達到四千兩百萬，約占美國總勞動數的二五％。在英國，根據企業家中心（Centre for Entrepreneurs）的資料，新的新創公司每年有超過六十萬家。很多都是業主自己經營，沒有聘請員工。二〇一八年時，這種所謂的自僱企業有四百三十萬家。根據二〇一八年的政府資料，它占了英國所有企業的七五％。

企業家的財務成功沒有保障，能達成高度成長和數百萬元營業額的公司相對偏少。

就大部分的獨資經營者而言，如果他們夠幸運的話，所賺的錢才與上班領薪時持平，而且新創公司的失敗率很高。在統計大腦（Statistic Brain）的研究中，美國公司在成立五年後的倒閉率超過了五〇％，十年後的則超過了七〇％。

從正面來說，當自己的老闆會帶給你難以置信的自由來做自己，以及選擇要創造什麼、與誰共事、要服務哪些客戶和想要賺多少錢。伴隨這些自由而來的責任和壓力則是，必須管理自身的時間、金錢與資源，以及沒有人會每個月自動付薪水給你的事實。

> 自己當老闆成為命運的主宰，有很多高於成本的好處。

行動方案

愛你所做

只以自己所愛並且會樂在其中的商品或服務來開創事業。

制訂事業計畫

知道你要如何創造價值。說明你要生產什麼、以什麼價格生產、買進和賣出什麼給誰。擬定出事業計畫，包括財務預測並清楚自己的現金流。

成立理想的法人實體

向會計師或公司祕書徵詢意見，以幫忙確定你需要創立的理想法人實體。你是計畫維持一人企業型態，還是要成立一家只須對你的投資資本額負責的公司？每個國家都有若干的選項，對應不同的納稅義務。

謹慎選擇事業夥伴

試著保有百分之百的公司所有權，萬一你真的需要工作上的事業夥伴或投資夥伴（或許只提供金錢作為資本，但不涉及幫忙經營事業），才把股份交出去。

尋求政府支援

對於新的新創公司，政府提供了各種支援。在美國，包括小企業管理局（Small Business Administration）在內，各式各樣的機構都會提供協助。在英國，近年來則有若干創舉，好比說創業貸款（Start Up Loans）方案和種子企業投資方案（Seed Enterprise Investment Scheme）。

68

擁抱科技

「未來屬於數位與科技，要確保自己參與其中。」

在二〇一八年底時，世界上六家市值最大的公司全都來自科技和網路領域：蘋果（Apple）、亞馬遜（Amazon）、字母（Alphabet）、微軟（Microsoft）、臉書和阿里巴巴。對反科技派而言是壞消息，你在追求財富時絕對不能忽略科技。

網路和相關科技已翻轉並將繼續改變現代生活的所有層面：

- 智慧型手機、電子郵件、通訊和社群媒體平台接管了我們的溝通管道。
- 現金流、商業和金融買賣在幾秒內發生，區塊鏈和加密貨幣翻轉了舊有的簽約與支付形式。

- 網站和應用程式是我們買進、賣出、學習、查看和找到一切的地方，從訂購民生用品到找到真愛。
- 網路科技進入了辦公室、工廠、住家、汽車裡，而且很快就會進到我們的身體裡。
- 機器人和人工智慧正把各類產業從製造翻轉為服務，包括健康、教育和政府部門在內。

根據網際網路世界統計（Internet World Stats），到二〇一八年時，世界上的人口有半數以上或四十二億的人使用網路，而且根據全球網路指數（GlobalWebIndex）的估計，我們上網時數加在一起的總和是十億年。網路和相關科技跟接管了世界沒兩樣，身處當代若不擁抱某種形式的科技，財務上就不可能變得真正富有。

行動方案

你需要善用科技的潛力來驅使你創造財富，並將你推向財務目標。這可以結合三種方式來達成：

一、創造網路形式的商品和服務

- 想想你能創造和販售什麼——從一系列的應用程式到網路式的服務。
- 考慮不同的商業模式，好比說訂閱以及交換。
- 什麼是目前網路上沒有提供卻有需求的生意？

二、用網路來經營事業並擴增資產

- 用像是 godaddy.com 或 register.com 等網站來打造互動式商業

> 聰明人會讓科技為你效力。

平台。

- ✔ 用像是 shopify.com、etsy.com 和 amazon.com 等網站做線上銷售。
- ✔ 透過推介式網站或用像是 referralcandy.com 所提供的那些客戶推介軟體來解決客源需求。
- ✔ 透過像是 oberlo.com、kompass.com 和 alibaba.com 等網站洽詢供應商。
- ✔ 使用銀行、股票經紀業者或財務顧問提供的線上應用程式，管理並追蹤財富與資產。
- ✔ 以像是 landlordtracks.com 的房產管理應用程式來打點房產投資。

三、用網路來改善生活

- ✔ 以像是 todoist.com 和 DayDayHabit 習慣追蹤器等應用程式來管理時間和產能。
- ✔ 以像是 calm.com 和 thinkpacifica.com 等應用程式來保持放鬆。
- ✔ 使用雲端、線上 Office 365 和網路郵件讓你隨處都能工作。

69

預期黑天鵝

「市場不時出現教科書裡沒教過的事，瘋狂到要把它寫進新的教科書裡。」

從萊斯特城（Leicester City）贏得二〇一六年的英超聯賽（English Premier League）足球冠軍乃至二〇〇八年的金融崩盤，沒人預期到的事向來都會發生。發現天鵝並非全都是白色是歐洲人原本認為不可能的事，直到他們登陸澳洲為止。因此以黑天鵝來指稱那些不可預測的事件，而它們的發生會帶來驚人的可預測性，好比說整個公司、銀行、投資基金、貨幣和國家崩解，且通常是在一天之內：

- 金融機構倒閉，比如長期資本管理（Long-Term Capital Management）、花旗銀行（Citibank）和蘇格蘭銀行（Bank of Scotland）。

- 二〇〇〇年的網路公司泡沫化，導致許多科技業者崩解。
- 醜聞摧毀公司，比如安隆（Enron）、世界通訊（WorldCom）和泰科（Tyco）。
- 糟糕的經營策略導致業者幾乎消失，像是柯達（Kodak）、黑莓（Blackberry）和諾基亞（Nokia）。

人很容易忘記有多少大型與成功的企業消失或是規模大幅縮小，進而造成股東、債券持有人、退休基金和銀行損失慘重。在追求自身財富時，你能從中學到什麼？

行動方案

停止訝異與錯愕

出乎意料的事會發生，不可能凡事一帆風順。你必須適應與接受這樣的現實，並想盡辦法來避免受困，或換句話說，就是要把黑天鵝變成白天鵝。

如何把黑天鵝變成白天鵝

英國集團卡瑞龍（Carillion）在二〇一七年股價崩盤，從二．三八英鎊的高點慘跌到約莫十二便士。身為英國政府的外包服務大型供應商，該公司看似經營得相當好且發展穩健。媒體上的財

「永遠不會發生」的事情就是可能會發生。

經作家一片錯愕，你要是持有卡瑞龍的股票，或許就會將它的崩盤歸為黑天鵝事件。

有些金融分析師看出了卡瑞龍崩盤在即，並在適當時機就把持股賣掉，我現在都會看這些分析師的文章。對他們來說，那並不是黑天鵝，只是另一隻游過的白天鵝。你是不是能覺察出卡瑞龍的債務上升和毛利下降，並解讀出跡象？

無論你是擁有十萬英鎊的財富淨值，還是數十億英鎊的分散式全球投資組合，下列是要提醒你如何為將來的黑天鵝時刻做準備：

- 確實知道自己要投資什麼。去了解所要買的股票、房產或其他資產的基本面與市場。
- 尋找潛在問題的跡象。協同傑出的財務顧問，去了解所要從事的投資和所要投資的資產。如有質疑就收手。
- 把投資組合加以分散。有了分散的投資組合，當危機發生時，就不會把你的財富全都賠掉。

70

僱用他人來代勞

「我喜歡有四十個人各為我一週工作一小時，而不是自己一週工作四十個小時。」

這是極少數人運用但能為你大幅提升淨值的訣竅：僱用他人來幫助你成長。

光靠你自己能做到多少？即使你一年工作三百六十五天、每天工作十八個小時，所能達成的事還是有限。你沒辦法同時身處兩地，你又不是超人。一心多用的效果被高估，且不可能持久。你也許能勝任相當於兩人份的工作一、兩天，但無法隨著時間推移始終如一。

雖說如此，很多自僱者都是獨自工作，沒有找人來幫忙的獨資企業或獨立企業。事實上，他們就像員工，工作全都是自己做。唯一的差別在於，他們會開發票賺取收入，而不是拿薪水回家。

所以這會讓你如何決定？你是想要獨自工作，還是僱用他人來加速成長？哪個選項有助於你滿足人生和財務目標？

行動方案

有沒有僱用人力的業務需求？

想像你是一位本地蜂蜜產品的自僱零售供應商。你想要擴展事業，但不知道要從哪裡開始或怎麼做決定。不妨拿下列問題問問自己：

- 你願不願意投入更多的金錢和精力，與員工一起擴大事業？這該如何連結你的財務目標和夢想？

- 蜂蜜的產量有沒有提高的潛力？你能不能把產品賣給更大的客群，例如超市？擁有員工可否為你的商業模式提供靈活性，例如開間實體店面來販售你的蜂蜜和相關產品？
- 每罐蜂蜜的毛利是多少？假設每年收入兩萬四千美元，需要增加多少銷售額來支付一名潛在員工的成本？
- 你可以按工時合約或抽取佣金的方式聘請兼職人員嗎？你可以收實習生嗎？
- 你是否樂於繼續全職從事蜂蜜業？或是你想要退居幕後交由員工來接管事業？

> 額外的人手能加快你累積財富的速度。

你能不能找到理想人選？

要找到很棒的人才從來都不是容易的事。你是否準備好去找到並吸引想要與你共事的最佳可能人選？這會不會為你省下時間和精力去做人生中最重要的事？

71

相信直覺

「我做過的最佳決定全都仰賴直覺。」

西班牙首屈一指的創投業者之一伊諾亞奇．艾羅拉（Iñaki Arrola）宣稱，「直覺就是一切」。他是西班牙許多大型科技新創公司的早期投資人，在《富比世》（*Forbes*）的訪談中分享過一個關於直覺的力量之案例。他和他老婆去跟潛在的事業合作夥伴打交道，「**晚餐過後，我太太說：『我對於數字或那名潛在合作夥伴一無所知，但我的本能告訴我這傢伙會騙你。』這是直覺，而且應驗了。**」

我吃過很多虧才學到的是，假如直覺在說話，你就需要傾聽。如果你對某人有任何放不下的疑慮，就要謹慎。倘若你對交易感到不自在，就停下來反思一下。假使你對投資決定有難以釋懷的疑問，就加以審視。

近年來，我學會了傾聽直覺，而且自此之後，我的決策就改善了。達成財務目標要頭與心並用，頭是左腦基於事實思考和決策的機器。心是靈性的感受、本能、第六感或直覺。伊諾亞奇·艾羅拉和他太太並不是唯一將財務上的成功歸因於傾聽他們內心想法的人，即便它與事實或數字背道而馳。

行動方案

為直覺騰出空間

假如你過的日子都是在處理一件又一件的瑣事，腦袋裡充滿了上千種思維和焦慮，你就不能指望有任何直覺感應的奇妙時刻。花點時間放鬆並放慢速度，讓你的直覺有機會被聽到。活在當下，不要為昨天或明天而煩惱，取而代之的是讓隨機的想法和感受進入你的大腦。在靜謐時刻，腦袋裡乍現的靈光或許會令你感到驚訝，它可能就是投資輸贏差別之所在。

加入比爾·蓋茲等人來探究冥想的好處。在近期的部落格貼文裡，他分享了冥想是如何幫助他增進專注力，並能更坦然面對自己在任何時刻所感受到的情緒和思維。試著去探索關於冥想的應用程式，例如 Headspace 和 the Mindfulness App。

善於識人

隨著財富擴增，你就必須花更多的時間做出有關其他人的決定，不管是未來的員工、事業和投資夥伴，還是供應商。要如同伊諾亞奇·艾羅拉和他太太，讓自己去感受你對另一個人的感覺。他們是否讓你感到自在，且認可他們的個性與行為？我們都會在

> 內心的那股微小聲音比你想像的強大許多。

見到人們的幾秒鐘內對他們下判斷，與他們相處的時間愈多，評估就會愈全面。問問自己，他們看起來是否像是你可以信任和共事的人。

72

過去無法預測未來

「過去或現在無法指引未來。」

假如你先前從類似的投資中獲利過，你就比較有可能去投資那樣東西，即使證據顯示它不會再次表現亮眼，投資人稱之為**行為強化**（behaviour reinforcement）。加州大學的學者布雷德．巴伯和泰倫斯．奧丁表示，如果我們在最近一次的首次公開發行（或稱IPO）中獲利不錯，我們就更有可能去認購即將首次公開發行的股票，無論它的實際價值和它背後的公司是怎樣。我們會因過去的成功而盲目。

同樣地，對於你感興趣的任何金融商品，從共同基金、房市和貴金屬到股市指數與個股、債券和其他資產，都必須提防過於依賴線圖和表格中顯示的歷史數據。市價常以非常容易預測的方式在變動，像是股價上揚符合其移動平均趨勢線，或是股價沒有跌破先前的低點（稱為支撐點位）時，對一切變得安心就容易有意外。你永遠不會知道資產價格什麼時候會漲或跌到跳脫歷史點位，跌破它的五年或十年移動平均趨勢線，或是以依賴歷史圖表和過去數據所預見不到的方式來變化。

行動方案

對過去存疑

當價格走勢圖顯示出你想要購入的資產在近幾季或幾年裡漲得有多猛，以此作為投資決策的基準會讓人非常放心；你的銀行關係經理或財務顧問或許也認同它會賺錢。但要形成自己的看法，自行閱讀和研究，如有必要就尋求第二意見。

謹慎重複相同的投資

不要只因為過去的成功，就把整桶錢往同一個方向灑。當你還持有第一筆卻想要重複投資時，就要特別小心。這有可能讓你加倍曝險在變調的投資上。

對任何一筆投資要投入多少金錢，永遠都要加以限制，不要只因為它過去表現亮眼，就把剩餘的錢全部押在上面。將每項投資決策都視為獨特的獨立投資機會。

“

要放下對過去的執著，需要費勁練習。

73 知所取捨

「每個選擇都是取捨，成功的人深諳此道，向來都會明智選擇。」

人生全在於取捨。你選擇了一種職涯而非另一種，選擇了某位事業夥伴而非其他人，你同意把當週花在協助一位客戶上，而被迫回絕為另一位效力的契機。你一直都在做這些選擇，因為你、你的時間和金錢使得你分身乏術。

取捨，有時也稱之為機會成本，是在建立財富時需要了解且非常重要的概念。它的觀念在於，一旦把金錢投進一個選項，就再也無法同時將其投入其他商品。假如選擇了選項A，就會喪失選項B的利益。

有時候它看似簡單，但人生從來就不是那麼容易。你可以暫時擱下職涯進頂尖商學院取得高階主管企管碩士學位（MBA），但MBA後的工作和薪資前景，必須與你在職業軌跡、薪酬以及取得成本上的犧牲相平衡。

行動方案

今天在做決定時，要把機會成本降到最低，要將更大格局的財務需求與目標放在心上。

不要忽略顯而易見的機會成本

有時候你不見得會注意到近在眼前的高機會成本。舉例來說，當你有資金可以償還債務時，就要謹慎持有債務。假設你的信用卡卡債是一萬美元，你被收取相當於一八％的年息，同時你手上

> 不要低估任何決定的機會成本，仔細衡量選擇其中一項、放棄另一項的可能代價。

持有超過一萬美元的投資，稅前賺取的平均年收約為六％到八％。你滿意於這個機會成本嗎？持有那筆六％全額的投資報酬不放，而不變現一部分來償還一八％的高息債務，這樣有意義嗎？

放手績效不佳的投資

當你能把績效不佳的投資賣出，並把資金運用在較有賺頭的投資上時，繼續持有它就沒有意義了。例如你所投資擁有的房產很難出租出去，等同持有無收入進帳的資產，搞不好還有房貸要繳。這時，倒不如賣掉它，轉而投資較易出租的房產，記得要在你的決定中，考量兩間房產所在地段的潛在房價增值。

74

尋求導師幫助

「對於願意花時間為你指引，提醒你前方有障礙與難關的人，都要加以珍惜。」

歐洲指導和輔導委員會（European Mentoring and Coaching Council）將指導定義為，「在發展過程中，涉及將知識或技能從經驗較多的人身上轉移給經驗較少的人」。假如你以前曾接受過指導，你就會知道它通常是透過教學、分享和建立榜樣的結合來達成。

導師幫忙的方式不勝枚舉。他們可能建議你去哪裡進修，如何理清你所遇到的困難，要怎麼找到新工作，要怎麼在工作上成功，要怎麼投資，或者要怎麼跟難搞的老闆相處。導師日益受到歡迎，尤其是在職場上。經驗老到的同事常會被指派負責指導新進員工，以幫助他們適應工作並了解如何在公司取得成功。

從某人身上直接汲取他的經驗值具有強大的力量，甚至強過在書中讀到或從影片片段觀賞到。接受指導時，你可以有深入且具意義的雙向對話，也可以深究與複核，並提出釐清式問題。

行動方案

花時間與成功的榜樣相處

假如你真的想要知道怎麼變成百萬富豪，何不請人把經驗分享給你？要找到他們並不難。根據瑞士信貸在二〇一八年的報告，在最近一次的統計中，躋身全球百萬富豪之列的人共有四千兩百萬人以上。

所以你不見得有本事進到百萬富豪的房子裡說：「可以請你當我的導師嗎？」而且你可能也還沒準備好進入李察．布蘭森在內克島上的社交網絡，但你可以請你身邊的人引介。

當你找到可能的導師時，要向他們解釋你的抱負是什麼，以及你希望他們能怎麼幫你。建立信任與交情，盡可能試著定期當面拜會，買杯咖啡或午餐謝謝他們。

線上學習

這與一對一坐下來談不一樣，但當面拜會並非向來都有可能。幸而網路上有很多管道可以學習。有很多網站專門提供指導式建言，包括幫助像你這樣想要達成財務目標並累積財富的人。有些網站採會員付費制，透過網站讓你與導師在線上對談學習：

- ✔ http://wealthmentors.com/

> 找到具有活力、熱情與熱忱的導師，或許正是你啟動創造財富計畫最必要的事。

- https://financialmentor.com/
- https://dollarbillionaire.com/

出席專家的活動

「指導人脈」（Mentworking）是近來出現的新名詞，結合了人脈與接受指導。概念在於去找到並出席社交人脈活動，以便為你創造遇見潛在導師的契機。讓自己受邀參加高資產淨值人士的活動、報名高層領導會談，或是參加企業家研討會。努力讓自己和想要仿效的人共處一室。

75

時機就是一切

「我從沒見過有誰總是能正確預言市場何時會漲或跌。」

大部分的投資人都不善於抓對投資的時機。事實上，要在最正確的時間點買進和賣出難如登天。根據晨星公司（Morningstar Inc.）在美國的一項研究指出，個體戶或散戶投資人的年財務報酬，一般都落後於管理基金達一．四%之多。

個體戶投資人並非全都表現得比大型管理基金差，但那些典型會犯錯的人所做的一件事是：他們在錯誤的時間點殺進殺出，通常是在價格停止上漲前就賣出。

然而實際上，專業人士的表現只比你我要好一點，因為**任何**投資人都很難表現得比市場的平均報酬要好。早在二〇一五年時，《金融時報》就報導過，過去三十年來，相較於整體市場的年均報酬率一一．六%（以標普500為基準），尋常投資人的年報酬率只有三・七九％。在我聽來就表示，尋常投資人的投資表現很差勁。

二〇一七年時，《經濟學人》指出，對於個體戶投資人而言，很難挑到在操作上勝過同儕的基金經理人。投資人中肯定存在一種趨勢，揮別了基金經理人，取而代之的是直接投資於追蹤和指數型基金，被動追蹤例如富時100和標普500的基準指數。被動型基金的手續費一般也比主動或交易所買賣型基金要低。

除非你深信自己的時機完美，否則考慮一些其他的策略或許才是上策。

行動方案

採用「定期定額」策略

停止嘗試去抓市場的時機。即便是專業人士也很難知道要在什麼時候進場和出場。

反倒是，如果你投資的是特定的資產類別或商品，就要始終如一地每個月投資固定的金額。在價格波動的情況下，有些月，你可以在價格低時買到較多單位，反之，價格上漲時則較少。

你可以用這方式投資任何主動交易式的商品：基金、國債、國庫券、債券、個股或其他資產，好比說黃金。**長久下來，你會以各種市場價格買進商品，所賺到的報酬很有機會比一般個體戶投資人在市場上殺進殺出的獲利還要好**。這就是所謂的「定期定額」。

例如假設你每個月投資五百美元，且資產／基金二十年來的平均年報酬是六％。因此二十年後，你就會攢到二十三萬兩千一百七十五．五五美元；計算方式可以上 planetcalc.com 網站自行複核。輸入你每月可能投資的金額，連同預期報酬的年百分比。要記住的是，這是稅前報酬率。

> 要接受不可能準確預測市場走向的事實。

你或許偏好先從單筆開始，並在手頭有閒錢時加碼，如果是這樣，就可以把錢投入基金或年金方案（例如美國的401(k)計畫）。不要去動這些錢，放著讓它成長就好。

基金是固定投資的好賭注

找一支績效好的基金，最好是低手續費與低成本。在英國，你可以用《金融時報》的基金比較工具（Fund Comparison Tool）來幫忙選擇。可考慮投資追蹤和指數型基金；這是被動型基金，鏈接市場指數。手續費往往也較低。不過倒是要防範「追蹤誤差」，有時候會發生在基金沒有準確追蹤它本該對應的指數時。

76

實行健康的生活方式

「戒掉壞習慣，你就能獲得大把的額外時間。」

從來沒有人光靠坐著看電視就致富。名為安德魯・費爾比（Andrew Ferebee）的企業家訪問了美國的四百位富人後發現，他們一天平均看不到一小時的電視；而根據Statista針對一般人每日觀看電視的模式所做的調查資料，得出一般人每天約莫花四小時在電視上，無論在美國和英國都是。思考一下這點。當其他的人在電視前當顆沙發馬鈴薯生根發芽的時候，財務成功者在一天內找到了額外的三小時來完成具生產性的事務。

對於花在社群媒體、打電玩和電視遊樂器上的時間有類似結果的統計。大部分的人純粹是把時間濫用在浪費力氣的活動上。擺脫壞習慣，包括遠離智慧型手機，時間就會是你給自己的贈禮。它可能多到令你訝異。

相同的道理也適用於健康。整體而言，富人比一般人運動多些、吃得健康些以及睡得好些。各種研究以及他們自身的觀察都印證了這一點；李察·布蘭森書寫過鍛鍊身體的好處以及如何保持大腦運轉的順暢，傑夫·貝佐斯則說每晚要睡足八小時。

行動方案

捨棄螢幕

要建立財富就需要讓自己保持敏銳、專注和機警狀態，還要能冷靜並可控制情緒。為了達成這一切，你需要養成某些習慣。從今天開始，大幅縮減在螢幕前的時間，轉而：

每天吃得有智慧：吃得健康會為你帶來更正向的心態和更多的活力。於二〇一五年發表在《英國健康心理學期刊》（*British Journal of Health Psychology*）的一項研究中，參與實驗者接受了為期兩週以上的食物攝取量以及情感認知行為的監控。研究發現，飲食裡的蔬果蘊含量與增進開心及生活滿意度息息相關。研究還發現，多蔬果的飲食方式可能有助於提高好奇心與創造力。

盡可能多運動：無數的研究顯示，鍛鍊身體對於整體健康與幸福而言很重要。看看在二〇一三年的《心理學與老化》（*Psychology and Aging*）期刊裡美國所做的研究就會發現，增加身體活動量與改善認知表現有所關連。

睡好覺以及冥想：在一晚睡不到七小時的情況下，只有極

> 要賺錢就需要有創意、創新，並準備好賣力工作。

少數人能正常工作。該是時候把覺睡足了，而且概念上，這意謂著早睡早起，以便為心智和情緒帶來你所需要的敏捷與平衡。

77

一時受挫不是世界末日

「當你認為自己陷入災難，問問自己：十年後還會如此認為嗎？」

在《神經與精神疾病期刊》（*The Journal of Nervous and Mental Disease*）所報導的研究中，七十二位在銀行詐騙事件中失去退休積蓄的成年人接受了長期監測。在剛遭逢損失的二十個月內，罹患了嚴重憂鬱症的人達二九％，相較之下，保持正常的人則是二％。而在《健康經濟學期刊》（*Journal of Health Economics*）所報導的另一項研究中指出，二〇〇八年股市崩盤時，賠掉積蓄的受試者呈現出憂鬱感增加的狀態，並服用抗憂鬱藥物。

重大的財務虧損對一般投資人影響非常大，慘烈會是更好的形容。假設你賠光了你的財富、又或是你的退休基金崩盤，你該怎麼辦？這些事的確會發生，而且就在你沒有預期的時候，你可以選擇回到原點。想像一下，被迫從退休生活重返工作崗位或做第二份工作，換小一點的房子，或是過財務緊縮的生活方式。

雖然看起來很難，但最好接受自己會在路上遇到挫折。**現在看似慘烈，但人生沒有多少事在十年後還是過不去。**

行動方案

別為小（或大）事抓狂

那麼，你要如何才能成為那種能從容面對這類悲劇的人？我不能簡單地告訴你不要為小事抓狂——住宅遭到查封、或在股市崩盤時賠個精光可不是「小事」。問題在於，該如何不為任何或大或小的事抓狂。

面對重大的財務虧損，必須往前走並繼續樂觀過生活，赤手空拳重建財富，你可以選擇這麼做。祕訣在於韌性與專注；穩住情緒，並維持正向的態度。

錢不是一切。有錢時，這話很容易出口，但在貧困時就沒這麼容易了。然而這卻是實話，錢並非萬能。去找到自己對財富的平衡觀點，在累積財富之際，欣賞生活的各個面向，如此，假使有一天你失去了大部分的財富，人生才不會因而陷入停頓。

“

如果你曾經成就過某件事，你隨時都能再來一遍。

78

審閱條款與條件

「有些討人厭的細節就藏在條文裡。」

你是否曾經後悔，「假如我有審閱投資條款就好了」？我們每天都淹沒在條款、合約和協議中。它以貼文、電子郵件和手機應用程式的方式呈現。你上次實際審閱過任何一項是在什麼時候？對於重要的合約，像是抵押貸款協議、旅遊險條款、租車協議或壽險合約，你真的會去審閱嗎？

事實是，如果不審閱書面作業就能過得去，生活會簡單得多，但假如不做，它可能要你付出代價，金錢與壓力兩者皆是。你或許以為你的投資符合成本效益，但你有沒有檢查過協議中所羅列的費率和手續費並加以確認？你或許想要及早還清抵押貸款，但對於貸款書面作業中所訂定的提前贖回費用如何計算，你有任何概念嗎？

要養成審閱書面作業的習慣，或至少快速瀏覽，以了解可能會讓人訝異到不行的罰款費率和手續費。你很快就會習慣於所要找的關鍵字眼，一眼就看出那些隱藏的附加費用。把各個段落或標題默記起來，並確保自己知道數字、手續費、罰款和時限。對於重要的書面作業，考慮請別人來幫你檢查細節，像是律師或會計師。

行動方案

買者自負（讓買家提高警覺）

忽略細則很容易一敗塗地。記住，知識就是力量。今天就花時間來查看一些必要的財務書面作業：

- 你清不清楚自己的醫療保險涵蓋哪些項目？
- 用信用卡購買白色家電（泛指大型家電）等商品時，有沒有提供額外十二個月的保固？
- 與潛在投資人間的保密協議對你來說，會不會太過於綁手綁腳？
- 當你無法只從事「自己的」職業或根本失業時，你的收入保護保單是否會支付津貼？
- 銀行所提供的免費旅遊險是否真的值得？
- 你的股東協議有沒有把太多的控制權讓給他人？
- 為了住家防盜而投保的房屋竊盜險，有沒有要求安裝特定品牌的鎖？
- 假期險是不是承保了你出遊時會做的每件事？
- 投保重大疾病的清單裡是不是漏了什麼？
- 收入保護保單中是不是有太多的除外責任條款？

冷靜期

假使在簽署和同意合約前你需要一些時間考量，就先暫停一下。一旦承諾了，有時候仍有改變心意的機會。在英國，公司要賣金融產品（好比說個人儲蓄帳戶、保險、年金等）給你，必須在主要功能或關鍵投資者文件中提供明確的資訊，包括取消產品的權利、時間範圍和這麼做的任何手續費。

在英國，只需要與金融行為監理總署所授權的金融機構打交道即可，以便於能向金融服務監察使公署（Financial Ombudsman Service）申訴。其他國家也設有類似的保護機制。

審閱條款與條件很枯躁且無聊，卻可能造就財務成敗的差別。

79

分散投資

「沒有一個籃子安全到可以把所有雞蛋從頭至尾保護好。」

想像一下，你把錢全部投入倫敦的房產，並用愛彼迎創造一年三百六十五天不間斷的租金收入流。一切都很順利，直到相關單位實施了「九十晚規定」的限制，只容許倫敦的房產每年出租九十天。這還連帶導致倫敦的房產價格下跌。以簡單的方式來比喻就是：你把所有的雞蛋放在同一個籃子裡，現在要付出代價。將事情長時間簡單化很吸引人，卻也非常危險——所有的錢都放在同一家銀行，只投資少數幾家公司，擁有的房產都在同一個地區。

籃子只有一個，所冒的風險就是把財富賠光。在拙劣的投資組合下，風險就不會彼此抵銷。當一項資產的價值下降或報酬率下跌時，你就沒有可作為補償的其他資產——當投資下跌時，沒有可以保持整體價值和回報的投資。風險並沒有分散。

理想的投資方式應該要混搭。要打造出的投資組合是，各項資產不會同時朝相同的漲跌走勢移動。這種分散投資方式說明了兩件事：

- 凡事都帶有風險，連超級安全的現金也是。在極端案例中，一個國家的經濟會崩解，進而導致惡性通膨，貨幣變得一文不值。
- 分散投資可以限制單一投資的曝險，好比說美元下跌、公司破產，或是新興市場的經濟低迷。

行動方案

行事要像專業的基金經理人

沒有一名專業的基金經理人所持有的投資組合會與另一名相同；各自有不同的風險容忍度、客戶、目標和標的。根據 syndicateroom.com 的調查，平均來說，一般的英國散戶投資人所持有的組合為股權（股票）（三七％）、債券（固定收益）（三三％）和住宅房產（三〇％）。在美國，美國個體戶投資人協會（AAII）在二〇一八年的資產配置調查（Asset Allocation Survey）中發現，平均來說，個體戶投資人是持有：股票（三四％）、股票基金（三一％）、債券（三％）、債券基金（一二％），以及現金（二〇％）。隨著投資人和基金經理人對市場變化的反應，這些百分比會一直上上下下變動。

為了打造出最佳的投資組合，專業人士會加以分析和研究。一般來說，他們會採行動態的資產配置，所牽涉到的就是根據預期市價與報酬的或然率，相較於各資產類別的風險，將資產重新分配到各式各樣的類別中。因此，他們的投資會帶進多重的收入流量。優良的投資組合需要花費時間、專業能力與信心，這就是為什麼他們是專業人士。你的挑戰在於，要決定自己是否有能力仿效他們，維持良好的資產搭配，並視需要重新分配以保持最佳平衡；還是要採取比較容易的選項，投資基金並讓基金經理人管理你的錢。如果你有任何疑慮，該做的就是後者。

> 如果有疑慮，就把財富分散在不同的地方。

80

停損

「一察覺到自己在挖洞，就要收手停下來。」

很多投資人都有的習慣是，賺錢的太快賣出，賠錢的固守太久，說什麼就是不肯賣，連價格崩盤時也一樣。這稱為虧損規避（loss aversion）或處置效應（disposition effect）——它的模式在於投資人往往會把價值上漲的資產賣掉，而把下跌的留下，偏好兌現獲利，但賣掉的時間點常常會太早，而去避免任何帳面上的實現虧損。

收復虧損在統計上非常難，這是因為百分比的變化性質，試想下列的例子：

- 你選擇固守的股份當初是以九百美元買進，而此刻價值在下跌。你本可在任何點位賣出，但你讓它跌了二〇%才賣，新的市價是七百二十美元（亦即九〇〇乘以八〇%）。

- 要回到當初的價格，你會想像這資產的價值一定會再漲二〇%？錯。當七百二十美元漲二〇%，它只會來到八百六十四美元（亦即七二〇乘以一・二）。
- 要返回當初的價值九百美元，七百二十美元就必須漲二五%。而且比起跌二〇%，任何投資都要更努力才會有二五%的利得。

行動方案

做好心理建設停止挖洞

當你處於連敗時，要忘掉沉沒成本——已經投入的努力和金錢。要忘掉救回虧損的可能性。反倒要專注於停損能讓你得到什麼，而不是會讓你賠掉什麼。西北大學

（Northwestern University）的心理學家許展明（Chin Ming Hui）和丹尼爾．莫登（Daniel Molden）的研究顯示，在「為所承諾的事降溫」時，好比說固守賠錢的投資，最佳的做法就是正面看待。把停損釋放出來的現金想成是本錢，讓你現在可以去投資有賺頭的資產。

用工具來幫忙

對於股份，你可以找股票證券商，或是在交易軟體中設定停損指令。這是設計來下令於跌破一定價格時就要賣股，以限制虧損。在九百美元股份的例子中，你可以將停損指令設為一〇％，意謂著價格來到八百一十美元（亦即九〇〇美元乘以〇．九）時，股票證券商就會賣出，將你的虧損控制在每股僅九十美元。

可惜的是，這並非萬無一失。有時候價格跌至近乎沒有買盤，致使股票證券商或交易軟體無法以一〇％左右的虧損設定來賣。這就是人生的現實面，它所顯示出的是，其實沒有無風險的投資。

區分出長期持有

對於適合長期投資的金融商品，那些你選擇在週期起伏中都要持有下去的資產，處理方式可以有所不同。對於這種投資，像是基金的按月提撥，你就不必煩惱停損。例外當然就是災難來襲時，你投資的其中一家公司受創，股價崩解，破產近在眼前，此時則要盡快將股份全數出脫為宜。

“

你上次停損是在什麼時候？

81 永續投資

「當周遭的人在掙扎度日時，你如何能坐擁成山的黃金？」

你想要同時擴大財富並為世界帶來正面的影響力嗎？道德投資的人氣高漲，尤其是年輕世代。根據摩根士丹利（Morgan Stanley）的研究，八二％的高淨值千禧世代對於永續和道德投資感興趣，相較之下，所有高淨值個人族群的這一比例則為四五％。

你或許讀到過永續投資、衝擊力投資或道德投資。愈來愈多的投資決定和配置是基於這些標準。這樣的投資統稱為永續和衝擊投資（sustainable and impact investing, SII）。

周遭就有不少的例子：瑞士銀行（UBS）的二〇一八年投資者觀察（Investor Watch）對富有投資人的全球調查發現，三九％在投資組合內有一些永續投資；日本的政府年金投資基金（Government Pension Investment Fund）是全球最大的年金基金，在二〇一七年時與世界銀行集團（World Bank Group）結盟推廣永續投資；挪威的主權財富基金在二〇一七年時發表聲明，要將油氣投資全數處分掉，加總在一起約達兩百七十億英鎊。

聚焦於永續和衝擊投資的論壇、活動以及機構有很多，好比說全球衝擊力投資網（Global Impact Investing Network）。**節能、淨水和永續農業等相關產業議題的成長，正不斷在永續和衝擊投資上創造出新的投資機會。**

> 永續投資是需要留意的區塊，在荷包與良知上皆是。

行動方案

把錢交給永續倡導者

施羅德（Schroders）表示，永續倡導者是指那些承諾在投資組合中增加永續投資占比的機構投資人。二〇一八年，施羅德調查的所有投資人當中，有三分之一是屬於這類。此外，很多基金或投資組合經理人也都簽署了聯合國的責任投資原則（Principles for Responsible Investment）。

投資永續基金

把資本投入「社會責任指數」，比方像明晟凱蘭德 400 社會指數（MSCI KLD 400 Social Index）或富時永續英國指數（FTSE4Good UK Index）。它們是由永續性和道德形象強烈的公司所組成；在所謂環境、社會與治理（ESG）因素上要求很高的公司。

你是否介意較低的投報？

有證據宣稱，採取永續性和衝擊投資的做法時，投資報酬或許會比較低。《金融時報》二〇一八年的文章報導指出，挪威國家年金基金由於不投資所謂受到道德挑戰的公司，好比說武器製造和煤礦開採等領域，估計它在過去十年間，損失了近二％的報酬。

然而較低的報酬不見得是無可避免。其他的資料顯示，報酬實際上甚至比正規的投資還好。英國的《金錢週刊》（*Money Week*）雜誌於二〇一八年的報導中指出，在過去的五年期間，富時永續英國指數的報酬是六〇％（股息再投資），相較之下，富時100的報酬則是五一％。

82

開始永遠不嫌晚

「年齡只是數字，我們活得愈久，愈有更多時間與機會去實現每一個想像得到的目標和夢想。」

開始一件偉大的事情永遠不嫌太晚：

- 馬哈地．穆罕默德（Mahathir Bin Mohamad）在九十多歲時當上了馬來西亞總理。
- 諾貝爾獎得主延斯．斯科（Jens Skou）在七十多歲時開始學寫電腦程式。
- 王薇薇（Vera Wang）等到四十多歲才創立自己的時裝帝國。
- 哈蘭．桑德斯（Harland Sanders）在六十多歲時創立了肯德基（ＫＦＣ）。
- 約翰．潘柏頓（John Pemberton）在五十多歲時創造出可口可樂。
- 雷．克洛克（Ray Kroc）在五十多歲時創辦了麥當勞（McDonald's）。

✔ 羅蘋・蔡斯（Robin Chase）是在四十多歲時創立吉普卡（Zipcar），美國汽車共享公司。

有證據顯示，在後半生創業能增加成功的契機。在一項名為「年齡和高成長創業精神」的研究中，以麻省理工學院（MIT）的皮耶・阿佐雷（Pierre Azoulay）為首的研究人員發現，相較於三十歲的創辦人，五十歲的新創公司創立者達成高度事業成長的機率高出將近兩倍。經驗與智慧看來有它的分量。

在儲蓄和投資上，盡早開始向來會比較好，但起步得比較晚還是能帶來不錯的報酬。假設你每個月能存下一千美元；假定平均年報酬是三%，我們來看看到六十五歲時，你在稅前會擁有多少金錢（見下表）。

開始儲蓄的年齡	總共的存款金額	總共賺進的利息	總共的銀行餘額
20	$540,000	$603,000	$1,140,000
30	$420,000	$323,000	$743,000
40	$300,000	$147,000	$447,000
50	$180,000	$48,000	$228,000

行動方案

讓創業的想法保持活躍

現今的文化和媒體大多由年輕人主導，但不管你是掙扎於低薪的三十歲、近期遭到裁員的四十歲、提早退休的五十歲，還是領國家年金的六十五歲，都無關緊要，你還是有不少空間可發揮。

要堅守夢想，不管夢想是自行創業，還是為你和家人創造財務自由。年輕人渾身都是活力，然而待年紀較長，你有的是經驗與見識。無論以哪種方式，你都能成功當個企業家，它端賴於你的心態、信念、決心和渴望。忘掉年齡，拿出活力與衝勁。阿佐雷的研究發現，新創公司創辦人的平均年齡是四十二歲，排名在前〇・一％成長最快的新創公司創辦人平均年齡則上升至四十五歲。

今天就開始儲蓄和投資

儲蓄和投資也一樣。要關注年長者的特別優惠。直到幾年前開始，在英國，凡是六十五歲以上的人都能購買所謂的年金族債券（pensioner bonds）。每人最高可以投資到兩萬英鎊，或是每對夫妻四萬英鎊。年利率很不錯：一年期債券是二・八％，三年期是四％。何不今天就去一探究竟。

83

未雨綢繆

「在英國生活，我學會要隨時帶傘，我把這樣的習慣帶進投資裡。」

在生死交關的處境中，你可以打電話到急救單位，但萬一失去了收入，你會怎麼做？倘若你在意外的情況下失去工作、事業或投資呢？你有什麼備案？

我們已經看到大部分的人儲蓄有多微薄。甚至比你所想像的還糟。英國的網路銀行第一直達（First Direct）所做的調查發現，七%的人口所擁有的總儲蓄不到兩百五十英鎊（大約台幣九千四百元），而以每月平均家庭開銷為一千五百三十六英鎊來計，第一直達估計，它只夠讓這些人撐五天。

在沒有賺進任何收入下，假如你連一週都撐不過去，如何能做計畫累積財富？事實上可以做到，只是會非常有壓力。你真正需要的是可以依靠的事物。

行動方案

決定救急撲滿裡要存多少錢

最佳做法是，儲蓄至少要存到足以過上幾個月。為了計算這點，你需要列出費用細項，並計算出每月必須的開銷。所預留的救急資金要相當於至少三個月的開銷費用，理想上則是六個月。假如可能的話，把這筆錢放進個別的儲蓄帳戶裡來孳息，並讓你可以在需要時動用。

擁有棲身之處

假如要就寢時，無家可歸的威脅近在眼前，你就無法專注在

> 沒有未雨綢繆，你會後悔在雨天沒有東西能維持你的經濟。

成功的目標上。當你真正完全擁有自己的房子，要熬過困難的時刻就會容易得多，進而避免付不出房租或房貸的恐慌上身。

尋求中立的建言

假如你不確定要怎麼管理金錢和儲蓄，就去尋求中立的協助。在英國，我會建議去接洽政府設立的金錢諮詢處（Money Advice Service）（www.moneyadviceservice.org.uk）。它會提供免費和個別的建議，好比要如何打造救急的儲蓄基金。在美國就上www.usa.gov/money。

84

不了解就收手

「玩金錢遊戲要謹慎，不懂規則就會輸。」

華倫·巴菲特有一句關鍵的建言是，千萬不要投資你不了解的企業。相同的道理可應用在金錢上。千萬不要把它投到你無法向他人解釋的東西上——股票、衍生商品和其他的金融產品。

做你不是全然了解的事可能會有些快感，它甚至可能導致新的與出乎意料的發現。但當涉及你的金錢時，這種新鮮感可能很容易變成絕望。

金融商品有數百款，而且很多都難以了解。有時候連產品的名稱都很複雜，這時就該視它為警訊並保持距離；去看看VelocityShares每日反向波動率指數短期交易所買賣型票據（VelocityShares Daily Inverse VIX Short-Term exchange-traded note, XIV），一種投資產品，瑞士信貸（Credit Suisse）在一夜之間賠掉九三%的價值後便停止交易。

你八成會因此錯失掉少數的機會——巴菲特就放掉了成為亞馬遜和谷歌早期投資人的機會，但他並不後悔自己的決定，你也不需要。**安全和穩健好過吃苦頭**。

行動方案

你能不能用簡單的話解釋？

要具備的經驗法則是，隨時能以簡單的話來向別人解釋你做了什麼投資。假如通不過這道簡單的測試，你就知道要怎麼做了。

假如你計畫投資新創事業，就要確保自己了解商業模式。光靠別人了解並不夠。公司的創辦人或許激情四射，但**他們**顯然了解自己的公司。那**你**呢，你能否解釋自己投資的事業？

假如要投資金融產品，不要仰賴銀行的理財經理所吹捧的高潛在報酬。他們是拿錢辦事。連他們都無法以簡單的用語試著解釋自己在賣的是什麼時，就要格外慎防。

“

如果你無法用簡單的話解釋，就表示你了解得不夠多。
——亞伯特．愛因斯坦

85

不要成為龜兔賽跑中的兔子

「在組裝家具時不看說明書，組裝完發現長短腳就不用太訝異。」

對自己的能力過度自信是人類的常見特質。心理學家霍華．瑞發（Howard Raiffa）和馬克．艾爾伯（Marc Alpert）稱之為過度自信效應，而且結果可能會令人錯愕。康乃爾（Cornell）和杜蘭（Tulane）的三位學者於二〇一五年發表在《心理科學》上的論文中斷定，高度相信本身的知識會使人宣稱：自己知道全然不可能或虛構之事。研究指出，受試者自信地說自己懂得並了解某些實際上是由研究人員瞎編出來的金融術語。

嚇人的是，我們經常仰仗自信者的指導和建議。布雷德．巴伯（Brad Barber）和泰倫斯．奧丁的研究顯示，律師、醫師和其他專業人士容易過度自信，再來則是男性常比女性過度自信。在美國，一項出自丹尼爾．康納曼的研究中，接受調查的企業家有五分之四宣稱，自己的事業有七〇％或更高的或然率會成功，遠高於僅有三五％的美國小型新創公司能撐過五年以上的實際狀況。

要對自己的自信度有所警覺，並且坦然以對自己或許正處於過度自信效應的可能性。記住，贏得比賽的是烏龜，而非兔子。過度自信的兔子將視線從球上移開，而在終點線前遭移動緩慢的烏龜擊敗。

行動方案

避免過度交易

研究人員發現，過度自信的投資人比他人要常交易。在「交易危及財富」的研究中，巴伯和奧丁表示，過度交易會導致高手續費和成本的產生，進而可能導致所有的獲利輕易化為烏有。他們還發現，相對於較為謹慎的交易員，過度自信的交易員的交易時機都很差。

更妥善安排退休計畫

對於退休需要的金錢是多少，要避免太過於自信。在這點上，安全要比事後遺憾好，而且要假定你需要的比所想的要多。在員工福利研究所（Employee Benefit Research Institute）二〇一七年的退休信心調查（Retirement Confidence Survey）中，六〇％的受訪者有自信或過度自信的是，自己能存到足夠的積蓄來支付舒適的退休生活，然而在相同的調查中，只有四一％的受訪者有真的計算過，需要多少錢才能舒適過活，而其中多數並不在那六〇％之列。超過半數的人說，醫療費用比他們預期的要高，這佐證了退休人員對於有足夠的錢過下去是過度自信。

不要盲目相信兔子

在二〇〇六年的知名研究中，研究人員詹姆斯．蒙蒂爾（James Montier）調查了三百位專業基金經理人的績效。他們將近百分之百認為，自己的績效屬於平均或優於平均，然而實際上，他們的基金表現僅列於一般的績效水平範圍。我們全都會看走眼——要知道，即便是專業人士也可能會犯錯。

> 緩和你的過度自信，變得較為謙虛。

86

謹慎探索避風港

「如今波濤洶湧的海洋中，沒有平靜的港口可言。」

當你想在時局紛亂的期間保護自己的錢時，你認為什麼才是安全的避風港？黃金、現金、瑞士法郎、日圓、英國國債、美國國庫券、白銀、人民幣、房地產？這些全都曾先後被視為穩定的資產。有陣子，連比特幣（Bitcoin）都被認為是超級安全，好吧，至少到它價格崩盤前為止算是。

避風港很重要，因為當其他的資產都在跌價時，避風港商品可以保值，也可能隨著需求增加而價格上揚。道理聽起來非常簡單，而且這些資產的保值傾向長年為真。直至近年來，情況則較為紛雜。

黃金是終極的避風港。它向來都被視為是存放財富最安全的地方。它的價值無法靠利率來操控；它也是一種有形資產，無法像金錢那樣隨意印製。但它的價格以正常每盎司來算，近來非常動盪。二〇一八年間，黃金的每盎司市價飆高到一千三百五十六美元，接著跌到一千一百七十五美元之低，下跌了一三％。這彰顯了一項事實，持有黃金賺不到報酬，你只能寄望它的價值上漲。

其他被認為是避風港的資產也呈現出紛雜的績效。事實上，從二〇〇八年的金融危機以來就注意到，黃金、美元或日圓都不是特別穩定。那麼投資人要怎麼做？

在一個沒有明顯避風港的世界中投資必須小心駛得萬年船。

行動方案

對其他資產做相同的實地查核

假如傳統的避風港資產不再以你所期望的方式保值，還有哪裡可安全停泊財富？答案就是，以投資其他潛在資產的方式來對待避風港。換句話說，不要另眼相看。當衰退或全球危機近在眼前時，你也不能盲目地把錢投進避風港。反倒要把像是黃金、英國國債或瑞士法郎等資產當成一些比較穩定的投資，但要體認到，它們沒有一樣是零風險，價值有可能會下跌。

與黃金一樣，諸如貴金屬之類的有形避風港無法提供回報，現金存款的利息則偏少。公債的報酬（或殖利率）也偏低，比方如美國三十年期國庫券、德國十年期債券和英國十年期國債，你持有時，無法期望它們的市價會漲到為你帶來資本獲利。

其中沒有一樣是確定的賭注，但你應該把它們當成搭配式投資組合的一部分來持有，這套策略稱作賭注避險，或是對相異的風險與報償加以平衡。較為簡單的替代方案是，投資於符合你投資組合需求的基金。

87

重燃赤子般的好奇心

「我以前老是取笑行事幼稚的大人，現在則是會聘用他們。」

《紐約時報》的專欄作家亞當．布萊恩特（Adam Bryant）曾對七十位執行長和其他的商界資深領袖提問：「在那些成功的人身上，你最常看到的特質是什麼？」最首要的答案或許會令你感到訝異，是強烈的好奇心。

《哈佛商業評論》在二〇一八年的報導中指出，在針對三千位專業人士調查後發現，接受調查的人裡有九二％宣稱，會為團隊帶來新想法的就是那些好奇的人——團隊中的好奇心會促進眾人的動機與表現。

一旦人們的熱情結合了好奇心，就會進而對生活中的每件事深感著迷。如此多的創新與成功事業，都是來自於熱情而好奇的人們。當今的科技巨擘臉書、阿里巴巴、谷歌等的創辦人皆帶有這類特質，常受到根本尚未成形的問題之驅使，而去創新及打造解決方案，方才成就了今天的結果。

大部分的人並不會為了好奇而騰出時間，他們會忽略掉高度成功人士覺得有趣的事情。作家保羅．布倫森（Paul C. Brunson）描述了與土耳其億萬富豪恩維爾．尤塞爾（Enver Yücel）的交談，並驚訝於尤塞爾會對他人可能不看在眼裡的事感到好奇，比方說路邊人行道在華盛頓特區和伊斯坦堡的相對高度。然而重點在於，就是憑著這種強烈的好奇心，最出乎意料和未受發掘的想法才會浮現。這些想法或許會在財務上有利可圖。你認識像尤塞爾這樣的人嗎，或是你怎樣才會更像他？

> 好奇心，是可以透過練習來駕馭的本事。

行動方案

累積財富靠的是問題，而非答案

谷歌的前執行長艾力克．施密特（Eric Schmidt）曾說，谷歌是靠提問來營運，而不是靠找答案。在面對挑戰和機會時，要透過提問來展現好奇心，同時也要鼓勵周遭的人提問，不要接受顯而易見的事。要聚焦在像是「為什麼不？」、「倘若？」、「或許有可能是怎樣？」上頭。

財富來自於創造他人願意為之付費的價值，而價值往往是某人好奇、進而提出和探索問題、發現一些未開發價值的結果。寶麗來（Polaroid）[1]的股東之所以變得非常富有，全拜發明家艾德溫．蘭德（Edwin Land）聽了女兒的話所賜。兩人在拍照時，她問爸爸說：「為什麼我們一定要等照片才行？」

無比好奇，即使年歲漸長也一樣

根據美盛（Legg Mason）在二〇一八年的研究指出，四一％的千禧世代了解加密貨幣，相較之下，嬰兒潮世代只有一八％。二〇一八年，另一項出自輿觀（YouGov）的調查則表示，四四％的千禧世代期望加密貨幣在接下來的十年被廣為使用，相較之下，X世代和嬰兒潮世代分別只有三四％和二九％。

年輕人天生就比較心胸開放，所以心態要保持年輕，不要讓多年的經驗致使你對周遭所發生的事物視而不見。你並非每件事都懂，應該要隨時願意離開舒適圈，敞開心胸去探索。

註１：寶麗來於一九四八年發明並生產世界第一台拍立得相機。

88

在VUCA的世界中累積財富

「現今高速多變的世界依然在加速。」

如果你今天要投資，那麼你就是在一個非常不穩定和高速的世界中進行投資。我們是住在VUCA的環境裡，意謂著你可以預期到：

- 波動（**V**olatility）
- 易變（**U**ncertainty）
- 複雜（**C**omplexity）
- 不明確（**A**mbiguity）

現在市場的波動性非常高，漲跌迅速，有時候就在幾秒內：

- 二〇一六年十月，英鎊兌美元在兩分鐘內就貶值了六％以上。
- 二〇一七年六月，比特幣之後的最大加密貨幣以太幣（Ethereum）在幾分鐘內，價格就從三百多美元掉到十美分之低。
- 早在二〇一五年一月，瑞士法郎兌歐元在幾秒鐘之內就漲了四〇％。
- 二〇一三年，新加坡交易所的股價在幾分鐘內暴跌高達八七％。

像這樣的閃電崩盤愈來愈普遍，肇因於高頻交易、複雜的期貨交易、黑箱交易、過度依賴軟體演算法等，進而導致現代金融市場上交易的複雜性，當然還有偶爾的市場操控。

在網際網路、電子郵件以及即時線上交易系統普遍前，沒有事情是在幾秒內發生。如今，數以千計的交易卻能在幾毫秒內同時發生。

除此之外，你還必須處理大量的資訊和數據，以至於上網搜尋對於市場、交易或公司的建議後，你可能仍舊一頭霧水。有的消息來源會說答案是黑色，有的會說是白色。不幸的是，你就是必須去習慣灰色。

行動方案

減少依賴自己的交易技巧

有鑑於資訊的灰色性和市場極端波動，要依賴自身的技巧成為成功的個人散戶投資客變得很困難。愈來愈多人認為，最好把大部分的金融市場投資投注到基金，它們是交由專業人士更有系統地研究與管理。

持有較多的有形資產也是一股趨勢，好比說房產、黃金和骨董——某些金融分析師稱為回歸基本的做法。這類資產好就好在價值不會在五秒內就跌八〇%。對於金融區和華爾街的高速演算法交易，這是反制的好策略。

保持動能

金融界日益複雜的效應之一就是容易變得混淆、零碎和失焦。你希望投資順利，而失利時就會變得一蹶不振。記住書中前面提過的忠告：只投資了解的東西，如有需要就付費尋求專業建議。

我還想要與各位分享由社會研究人員暨作家麥可・麥昆（Michael McQueen）所提出非常簡單的公式。說明如下：

動能（前進和成長的過程）＝（活動＋聚焦）×始終如一

> 只投資了解的東西，有需要就付費尋求專家建議。

要不管周遭的波動、易變、複雜和不明確而建立財富上的動能並不容易。你需要：

- 清楚自己的財務活動、想要投資的產品、資產和市場。
- 對自己的財富投以足夠的專注時間與注意力。
- 在選擇和行動上始終如一，不要任由周遭的雜音和混亂讓你偏離正軌。

89

成為談判專家

「一切都可以交涉。」

除非學會交涉，否則你永遠無法變得富有。有時候交涉是為了敦促你取得所需要的東西，有時候意謂著妥協，有時候則表示抽身就好。你在買進或賣出房產、與銀行或股票證券商談妥手續費和條款、簽定僱用合約、談妥加薪或升職的細節時，都需要交涉。

蘇世民（Stephen Schwarzman）是世界上最成功的交易人與談判者之一。他是黑石集團（Blackstone Group）的共同創辦人兼執行長，並引領黑石集團成為全球最大的私募股權基金和投資業者之一，所管理的資產超過四千五百億美元。他奉勸正在交涉的人要找到公道區，換句話說，就是把你需要和想要的跟對方希望的重疊起來。技巧則在於看出重疊之處，並談妥如何達成。

換句話說，你所著眼的是找到平衡，而要做到這點，最好的辦法之一就是釐清自身的需求，同時設身處地來了解對方身上的壓力。所以要習慣把立場表達得非常精確，舉例來說：「我需要調降二〇％的手續費才能繼續使用你們的服務」或「我尋求的是以不到三個月的時間談成這筆交易，否則我就必須抽身。」

行動方案

熟能生巧

蘇世民花了四十年磨練技巧。你或許與此相去甚遠。剛開始你會覺得像個菜鳥，在主張自己的需求上頗感吃力，並擔心會惹惱對方。隨著經驗增長，對於在「公道區」

內取得妥協，你就會變得比較駕輕就熟。

準備好抽身

當你身陷交涉中時，可能會難以看清無法接受的協議點，比如報價太低，或是在投資基金的報酬上要求的持股比例太高。很難說「不」，只是因為你投入了很多才走到這步，很難想像無法達成協議。在這些時刻，退開來暫停一下，去尋求建議。找個導師談談。

制訂備案

當協議破局，你會怎麼做？你需要備案。哈佛談判專案中心

> 交涉中最困難的部分，就是決定何時要抽身。

（Harvard Negotiation Project）的成員羅傑·費雪（Roger Fisher）和威廉·尤瑞（William Ury）稱其為ＢＡＴＮＡ或「談判協定的最佳替代方案」（best alternative to a negotiated agreement）。當你談不妥所偏好的條件時，這是次佳選項。

把它寫下來

一旦達成協議，記得要載明它。有時只需要簡短的電子郵件就夠了，但關鍵在於需要留有書面的證明，並與其他各方共同持有。

90

聚焦於情商，而非智商

「在有選擇的情況下，我都會選擇與情商高的人共事。」

研究始終顯示，情商（情緒智力）愈高將愈成功。

- 總部位於聖地牙哥的情商領域諮詢公司才慧（Talent Smart），根據三十四項重要的職場技能對一群人進行了評估。他們的研究結論是，情商是績效最重要的預測指標，是五八％的人在工作上成功的主因。
- 在另一項橫跨四十五年並刊登在《性格研究期刊》（*Journal of Research in Personality*）上的研究中，八十位科學家分別於二十七歲和七十二歲時接受了評估。研究表明，在解釋個人終身的創意上，情緒和社交能力比智商更重要。

- 二〇一七年發表在《從業行為期刊》（*Journal of Vocational Behavior*）上的一項美國研究指出，一個人的情商愈高，他們的薪水和工作滿意度就愈高。

情商涵蓋：

- 你對自身情緒、行動和感受的了解或自我覺察。
- 你在控制或自我管理這些情緒與行動上的能力。
- 你在同理心、為其他人設身處地著想的能力，又稱為「社會覺察」。
- 你在管理如何與其他人互動和溝通上的能力。

近年來，世界上許多超級富豪都談到了情商對於他們成功的重要性，包括馬雲在二〇一七年時表示，你需要出色的情商來幫助你與他人共事。這裡的啟示在於，雖然看似空洞，但你絕不應加以低估的是，了解和管理情緒的能力是財務成功的關鍵因素。

行動方案

了解情商如何影響自己

加以反思情商在生活中有助或有礙於你的時刻。這麼做能讓你了解到，情緒智力的哪些層面需要管理或發展得更好。花點時間把最難忘的「情商時刻」寫下來。例如你是否曾對同事或事業合夥人發脾氣而造成關係變調？你是否曾對低於預期的獎金感到沮喪而決定辭職？

向過去學習

你或許會發現很多情緒在主導，而非你在控管情商的例子，

> 打造財務成功的人生，情商是不可或缺的基石。

你可以從中學習。重要的是你要駕馭情緒，而不是讓它來駕馭你。如此一來，你做的決定就會更思慮周密，並能更冷靜地應對狀況。這是你成為情商專家的起點。

鼓勵他人駕馭情緒

假如周遭的人都在反其道而行，唯獨你有情緒智力就沒什麼意義了。也要幫助周遭的人發展他們的情商。你最不想要的事就是發飆，不當的言詞和行動會對自身的財務和財務計畫產生負面衝擊。

91

保持井然有序的書面作業

「當我們雜亂無章、搞丟東西或忘記事情，可以責怪的只有過去的自己。」

如果想要超級成功，你就需要超級有條理。我曾認識把中獎的樂透彩券給搞丟的女生。她花了幾天尋找，最終研判是被她誤丟了。最後我聽說，她打算接洽地方政府，試著說服他們去搜尋當地的垃圾場。

即使你不是樂透得主，忘記或搞丟書面文件也可能代價慘重。假如你曾經亂放重要的商業合約或股東協議，或是忘記準時報稅而受到裁罰，你就會了解。

隨著資產累積，你會有更多的書面作業要打點，所增加的可能性便是忽略掉帳單未付、合約未簽，或是協議沒有準時提交。

倘若你非常富有，就能把所有的管理、書面作業和歸檔工作交給他人。假如你沒有本錢僱用助理來管理每件事，或是聘請專業人士來為你經營家族辦公室，你就需要自己打點。

行動方案

讓工作空間有條理

工作空間要保持乾淨且有條不紊。當書房或辦公桌亂七八糟時，就很難一次只聚焦在一件特定的事務上。在二〇一一年《神經科學期刊》（*Journal of Neuroscience*）的研究中，普林斯頓大學的研究人員發現，大腦的視覺皮質被不相干的書面作業和物件淹沒時會變得不知所措，以致很難有效率地完成工作。

把預計會收到的所有帳單列成清單，並確保實際上都有收到和付款。對各筆投資都要維持核對清單的習慣，並把所有必要的書面作業歸檔。註記需要繳交、更新或歸檔的東西，尤其要注意截止日期，比方說該在何時繳交營業稅或報稅等。別忘了自動轉帳扣款的設定；如果你不做任何處理，自動扣款指示將自動延展十二個月。

使用祕書服務

取決於可支配的預算，你或許可考慮付錢請人來幫忙。按鐘點聘用祕書服務很容易，以便確實獲得所需要的行政支援。

運用網際網路

有一些實用的線上工具可幫助你更有條理。可查看的網站和

> 把「分類、歸檔、行動」當成你的格言。

應用程式像是：

- Expensify、Zoho Expense 和 Evernote 可讓你掃描和管理費用收據。
- GnuCash、Buddi 和 AceMoney 是簡單的會計／作帳系統。

不要忽略電子郵件，尤其是如果它們是你從公用事業公司、物業管理公司或銀行所收到的唯一通訊形式。把內容記下來，有必要就列印出來歸檔。

92

對財富保持低調

「炫富就像脫掉衣服，向人們展示鮪魚肚說：『瞧瞧這裡，裡頭塞滿了好多很棒的食物。』」

當今很多的億萬富豪展現的都是一種所謂隱富的姿態。他們在日常生活中保持低調，不認為需要以最貴的車子來代步或擁有馬路上最大的房子。基本上來說，他們不會讓鉅富把自己沖昏頭。

- 宜家（Ikea）的創辦人英格瓦・坎普拉（Ingvar Kamprad），據說他的座駕是開了十五年的富豪（Volvo），出國搭的還是經濟艙。
- 蘋果的執行長提姆・庫克（Tim Cook）所居住的帕羅奧圖（Palo Alto）社區，裡頭盡是價值數百萬美元的房地產，他住的卻是相對簡樸的住宅。

- 世界上最富裕的人之一，墨西哥富豪卡洛斯・史林（Carlos Slim），據說是住在三十多年前所購置的簡樸住宅裡，而且還是自己開車上下班。

千萬不要炫富，傲慢的臉色在任何人身上都不好看。談到自己的財富時要保持謙虛，避免讓對方感到渺小和貧乏，然而，也無須否認自己所成就的事。那是你努力工作所賺取的。

行動方案

保持謙虛並腳踏實地

從來沒有任何理由，需要對變得富有或想要透過選擇生活方式來享受財富而感到難為情。對財務成功感到自豪也無所謂，但要行事有度。要低調而謙虛，否則風險就是被親近的人當成提款機。分享是很棒的事，但假如你只是不斷在給予，關係就會改變，錢就會變成友誼的主要羈絆，表面下則充滿嫉妒。沒有人會想要這樣。

假如你變得太愛擺闊，貼身圈子外的人也可能會盯上你。過不了多久，你或許會發現舊識、鄰居、甚至是陌生人都會想要你的錢，對你過度友善，直接或透過你身邊親近的人向你提出財務

你是否曾用什麼方式炫過富？

請託。你會聽到最常見的請託八成是為了創業來向你借貸。只是聊聊新創公司的想法可能很有趣，但假如你持續上鉤，狀況可就不一樣了。

有勇氣說不

你永遠無法討好每個想從你的財富中撈到一點的人。要定期仔細思考，在你的人生中，你真正想幫助的人是誰。要禮貌且堅定地對他人的請託說不，必要時就狠下心，讓這個過程比較容易些。

清楚而坦然地說好

對於你願意幫助的人，幫忙時，不要讓對方有乞求、內疚或羞愧的感覺。對於你能力範圍內能幫多少，要對他們非常坦然。清楚解釋你的期望，以及錢是贈與還是貸款。而且要記住，不要炫耀：要毫不張揚地悄悄給對方。

93

不要為自己的虧損責怪他人

「為自己的財務負起百分之百的責任，反向為之，只會不斷帶來揪心與痛苦。」

千萬不要為了自己的財務問題，把錯歸咎到他人頭上：

- 你購置公寓時，沒有詢問市政稅的分級或房產管理費，並非房仲的錯。
- 你投資的基金報酬沒有達到兩位數的成長，並非基金經理人的錯。
- 找不到房客對你新裝修的房屋付高於市場行情的租金，並非租賃業者的錯。
- 你沒有升官和加薪，並非老闆的錯。
- 即使體察到有必要，你卻沒有在股東協議裡訂立較多的保護條款，並非新投資人的錯。

我有一次在馬來西亞買了房子，卻沒有察覺到房產後面要蓋綜合大樓。我不敢相信房地產經紀人和律師從頭到尾完全沒提過，但實情是我也從來沒問過，而規劃許可只會在購買期間提交。沒有人有錯，除了我。我從來沒有實際去看房子後面區域並質疑，這塊地為什麼在整理？

行動方案

不要找代罪羔羊

除非有槍抵著頭，否則在簽訂和同意任何事情時，你就得自己負全責。把責任推到他人身上是拙劣的策略，而且會有壓力。它只會造成其他人的疏遠，並在學習上絆住你。你會犯錯，你並非每件事都懂；但下回遇上時，你將會更明智，屆時，希望一切都不會出錯。

如果你從不承認自己犯的錯，你就不會變得更好。當你一肩扛起責任時，驚奇的事就會發生。你會變得更加堅韌與自信，在做財務選擇時會更為謹慎。準備好仔細檢查，並在需要時再次檢查，隨時準備調整或更改先前的決定。

別被坑了

話又說回來，如果是被騙或是被誆而做了錯誤決定，你就**可以正當地責怪別人**。有不少的情形是，專業人士所給的建議不誠實，或是強迫推銷顧客去買不需要的產品。要落實實地查核；針對所有的建議檢查其合理性，需要的話就去徵詢第二意見。

> 涉及自身的錢財，你是唯一能居功和擔責的人。

94

進行年度財務健檢

「當你漠不關心自己的財務，它最終會像被蛀掉的牙一樣。」

大部分的人每隔一段時間就會去找醫生檢查身體或牙齒；對於財務也應當如此。我們必須定期檢視自己的儲蓄和投資組合，排除潛在的問題，並將它微調到最佳狀態。如果不定期審視自己的決定，就無法評估它們是否仍然可行。

令人難以置信的是，這些我們曾經花心思做過的重大決定，最後卻被拋諸腦後。忘了自己有錢投資在某些儲蓄方案或帳戶裡的，也大有人在。在英國，甚至有專門的網站（www.mylostaccount.org.uk）在幫助民眾尋找遺失很久的銀行帳戶。

定期進行財務健檢，你能審視的不只有金錢績效，還有管理成效。在「行動方案」中有一個循序漸進的指南，提點你進行財務健檢的重要事項。

行動方案

執行年度財務健檢

• 基金投資的績效好不好?

你的基金報酬有沒有勝過對比指數?在英國,大部分的基金都會拿富時100(FTSE100)的指數來做比較。很少有基金能每年都打敗該指數,但從來沒勝過對比指數的基金就不值得再留了。

• 賺到的股息收入是多少?

假如你依賴的是股票投資的定期收入,股息就很關鍵。假如每投資一英鎊(大約台幣三十七元)的股票可以領到至少五、六便士(大約一.八元台幣),投資報酬率就很不錯。評估一下自己的股息收入有沒有成長空間?來年,要不要把錢從配息較低的股票轉到配息較高的股票？

•你的投資組合有何變化？

如果股票今年表現較優，你或許就可把原本債券和股票五比五的投資組合，調整為偏重股票的七比三。你可以考量是否要重新調整投資組合；從風險的角度來看，眼前的投資組合符不符合你的需求？

•有沒有充分運用節稅方案？

在英國，你可以把錢存進免稅個人儲蓄帳戶（ISA），善用最高的免稅額度。另外也要留意自己是否充分運用其他節稅的儲蓄與投資方案。

•目前有沒有更好的定期利率？

在自動續存，把錢再綁住一年之前，要對自己的定存何時到期了然於心，並研究目前的利率是不是有更好的選項。

- **房地產投資有沒有在優化**？

你的租金報酬（稅前或稅後）是否合乎你的期望？是否勝過市場的平均值？房產的市值持平或上升？房產管理公司的手續費跟別家相比是否過高？

> 經歷有如嚴重蛀牙的經濟損失，才想到要進行財務健檢，為時已晚。

95

傳授財務祕訣

「我從教導別人學到很多，在分享所學之際，我驚訝於自己學到的許多新見解。」

最好的學習方法之一就是教導。你能不能指導其他人達成他們的財務自由？你或許自認沒有足夠的經驗，但從來沒有人知道得夠多。專家們會不斷學習並獲得新知，他們在做這件事的同時，還邊教導和指導他人。

你怎麼稱呼它無關緊要——輔導、教導、指導、分享或支援，分享所學結合了傾聽、提問和建議。它是以行動來幫助人：

- 避免你在金錢上所犯過的錯。

- 學到你在過程中所走過的捷徑。
- 採取必要的心態與態度。
- 分享本身的財務需求、期望和挑戰。
- 在蒙受財務虧損時如何重拾信心。

將這些傳授給他人是雙贏的過程。你所幫助的人會更有能耐處理和擴大他們的財富，你則會有至少三方面的收穫：

- 回饋會使你感到愉快。
- 在反思自身的財務旅程之際，你會學習和成長。
- 在分享經驗之餘，你會產生新的乍現靈光。

行動方案

幫助你的「財務夥伴」

你或許與配偶或伴侶在共同擴增財富，與前同事一起打造企業，跟朋友共同投資房地產或其他的東西，像是葡萄酒俱樂部。這些人全都是你的財務夥伴，而且重要的是，他們跟你一樣博學並具備財務意識。把你所知的教給他們，並虛心向他們學習，以互相指導和彼此支援。

教導年輕人

大多數的父母從來沒有教過孩子關於金錢與財務的知識，真的是錯失了良機。今天開始，幫助他們消除財務上的天真，如此，他們就能避免其他人在青少年和成年初期會犯的一些錯誤。

教導社區

我有朋友自願把時間花在當地的女子監獄，教囚犯賺錢之道。她最近的工作坊則是聚焦於創業和減少債務。你能怎麼幫助社區裡的人？

“你準備好透過指點別人來回饋自己了嗎？

96

不用衝刺，這是一場馬拉松

「投資宛如看著小樹成長、高聳的摩天大樓從平地蓋起，以及季節的推移。」

二〇一七年，在名為「萬物報酬率，一八七〇至二〇一五年」的大型研究中，一群德國和美國的經濟學家分析了公債、股權和住宅房產的年報酬率。他們審視了十六個國家的資料，包括美國、德國、日本和英國，並計算出為期一百四十五年（經通貨膨脹調整）的平均報酬率如下表。

假如你的親人曾於一八七〇年投資一千英鎊在房子與股票的搭配上，你今天就會繼承約莫一千八百萬英鎊。它是長期投資的極端例子，策略就稱為「買進持有」。

房子	7.05%
股權	6.89%
債券	2.5%
國庫券	0.98%

所有的證據都顯示，持有投資的時間愈長，就愈有希望獲得正的年回報。

嘉信金融研究中心（Schwab Center for Financial Research）分析了標普500指數，從一九二六到二〇一一年這八十五年間的報酬。他們發現，若要保障得到百分之百的正平均年報酬，就必須（在這段為期八十五年期間中的任何點位上）持有指數投資達二十年。他們計算出，會產生的報酬是三%到十七%。較短期持有所帶來的風險則是，你會遭遇到相當大的虧損，例如任何三年期的持有會產生的年報酬為負二七%到負三一%。換句話說，你可能會賠掉三分之一的投資，或可能會賺到這麼多。聽起來活像是去到賭場！

這些歷史分析指向了一個結論：投資不是短期活動。假如你尋求的是迅速致勝，就要準備好快速落敗。以長期為導向才能保障你在財務上的成功。

行動方案

放手並有耐心

試著把資產或資金分為兩部分。

- **主動管理**：這是你要主動操作的區塊，隨著市場變動，透過買進和賣出來調整。
- **買進持有**：這是你要單純擺著增長的區塊。隨著年歲漸長，這部分的投資組合在整個財富占比上應該要提升。

「買進持有」策略

這些歷史研究佐證了定期定額的策略：概念是每月或每年對相同的基金投入相同

的金額，而且在市場下跌時絕不停損。

張大眼睛

有人表示，買進並持有標普指數類型的優質公司已不再是安全的賭注。這有部分是在反映，極端的波動衝擊到了許多老牌的《財星》五百大公司。

一如我們曾習慣把現金擺在高利率儲蓄帳戶裡，坐在一旁靠利息為生，不料，隨著利率降到近乎零，那樣的時代也跟著結束了，或許長期專注於股票的買進與持有，可能不再像過去那樣是安全的賭注了。在制訂投資計畫時，這是你要留意以及考慮周詳之處。

> 累積財富需要時間。

97

在夜裡睡得安穩

「任由大門敞開，就不用訝異有人溜進來摸走你的東西。」

沒有什麼比純粹因為自己沒有妥善保護而賠錢更糟的狀況了。想像一下買了夢想中的房子卻遭遇洪水或火災，然後發現必須自掏腰包來重建，由於沒有投保房屋險。或是失去了另一半才發現購買的壽險在前幾年就失效了。

有諸多的方式可以用來保護不同的資產和投資。沒有一樣能在所有的可能性上百分之百保護到你，好比說愚蠢的投資，挹注金錢給從未有任何事業成功經驗的人初次創建的公司，或是把錢借給後來消失無蹤的人。然而，重要的是要思考如何自我保護，以免面臨更大的虧損。

以下是一些可以考慮的必要「保護」。

行動方案

保護抵押貸款

在很多國家，你可以投保房貸險，假使你不幸身故或失能時，抵押貸款可以獲得部分或全額理賠。在某些國家，提供抵押貸款的銀行本身就會加以規定。在英國，這種保險叫做抵押貸款繳納保護險。它通常會支付兩年的抵押貸款或三分之二的月收入，取金額較低者。在你無法工作的一、兩個月後，它就會開始理賠。

把壽險交付信託

假如你身故或出了嚴重的意外，會造成家屬或你關心的人在經濟上遭遇困難，那就投保人壽險。在英國，壽險若是以信託方式持有，理賠時就能免除遺產稅。

避險

避險是以保險的形式來持有股票、原料或特定貨幣。你持有它是因為預期價格會漲，或是因應事業所需。如果擔心價格會跌，你可以買所謂的權證。這是一種衍生商品範例，可讓你在股票、貨幣或其他商品的價值下跌時賺到錢。以這方式取得的獲利可以抵銷實際持有該資產所受到的虧損。

關鍵人與事業保險

在你無法工作、經營公司，或事業陷入困境時，有各式各樣的保單可能會理賠。

找受保護的銀行存款

在英國，寄存在銀行或建築協會進而受到金融服務補償方案（Financial Services Compensation Scheme）保護的，達八萬五千英鎊之多（或是聯名帳戶的十七萬英鎊）。這意謂著只要銀行是該方案的成員，即便銀行倒了，你帳戶內原本的餘額可獲得全數理賠。在美國，對比存款保險則是由聯邦儲蓄保險公司（Federal Deposit Insurance Corporation）提供。其他國家也有類似的方案。

在保護自己上，要確實聽從專家的建議。可以上網了解更多資訊，例如 www.money-adviceservice.org.uk。在美國就上 www.fdic.gov。

98

為終點做規劃

「遺產規劃是你所能送給家人最重要的禮物。」

根據 unbiased.co.uk 在二〇一七年針對英國的調查，只有四〇％的人已立好遺囑，年齡介於十八到三十四歲的掉到一六％，介於三十五到五十四歲的則是二八％。大多數接受調查的人都說，等年紀再大些就會預立遺囑，並以沒什麼資產作為沒有這麼做的主要理由。而另一個令人吃驚的觀點是：在一個政府會對你死後所留下的財產課稅的國家，你的財產有很大的比例最後會淪為政府稅收。

那麼，既然你不在乎你的財富在你死後會怎麼樣，又何必精心計畫如何去賺取？然而，你不僅有機會可以指定它要歸誰，還可以將需要依法繳的稅額降到最低。

如果你樂於根據法律來分配你的財產，那麼死時沒有遺囑（所謂的無遺囑亡者）

就不成問題。英國的法院會把你的財產交給婚姻中的另一半和子女；三分之二給先生或太太，其餘的則均分給後代。但倘若你不想要以這種方式來分配財產呢？對於子女在協助你經營的事業，假使你想要全部由其中一人來繼承，或是想要把一大部分的財產留給慈善機構或另一位親人呢？

要是你還在世時，透過了解繼承規則、免稅的免除額，以及將財產贈與他人的管道，協助家人在你死後把應繳的遺產稅降到最低呢？

行動方案

寫遺囑

確保你是那四〇%努力撰寫遺囑的人其中之一，更好的是保持遺囑的更新和修改，或在需要時擬一份新的。你可不會想要把財產留給在二十年前就已經過世的人。立遺囑很便宜，甚至不用花錢，況且網路上就有不少現成的範本。

不要錯失合法的免稅額

充分利用所有合法的免稅額，並運用法規來幫忙。例如在英國，當住宅是留給直系後代時，可使用零居留率帶（RNRB），意謂著你可以留下更多的財富給他們，而他們也無須負擔那麼多的遺產稅。去請教稅務專家，協助你摸透所有的法規。

還在世時就贈與

在英國和其他國家都有各種管道，讓人還在世時，就可以將財富免稅贈予他人，例如：

- 每年贈予每位受贈者最高三千英鎊（但要牢記的是，假如你在任何贈與後的七年內往生，它就不見得是全然免遺產稅）。
- 剩餘所得可無償捐贈（要牢記的是，你或許需要會計師幫你計算剩餘所得是多少）。

不管你住在哪，有件事很確定，法規既複雜又大大有違直覺，所以要向專家求助。

與年長的親人分享建議

何不將本章的要訣與父母和祖父母分享，並鼓勵他們提前規劃，以免財富全都得負擔遺產稅。

> 提前規劃能讓你現在就安心，並避免家人心痛與陷入困境。

99

以活過百歲來規劃財務

「有人說，五十後是人生的下半場，但我認為人生不只有兩段。」

聯合國估計，相較於現今的五十萬人，到了二〇五〇年時，百歲人瑞的人數將高達三百七十萬。事實上，根據英國國家統計局的研究，你有兩成的機率會活超過一百歲，它同時預測，到了二〇八一年，英國的百歲人瑞將超過六十五萬人，比現今的一萬五千人大幅增加。

全球迄今最長壽的人是珍妮．卡爾門（Jeanne Calment），她過世時是一百二十二歲，而且格羅寧根大學（University of Groningen）的研究人員表示，活到遠高於一百歲在未來可能變得相當普遍。他們估計，到了二〇七〇年，兩萬人當中就有一人會活超過一百二十五歲。這意謂著你要度過的退休歲月，可能比工作和念書的時間還要長。

退休年齡	工作的大約年數	退休的大約年數[1]	退休的大約年數[2]
50	30	50	70
60	40	40	60
70	50	30	50

（[1] 假設活到一百歲；[2] 假設活到一百二十歲）

愈來愈多的人退休後，不只是靠退休金過著平淡生活；他們到世界各地旅行，培養新的嗜好與活動，甚至經營小生意或開創新事業、從事慈善與志工工作。

你要如何為此規劃財務？

行動方案

退休出局，工作萬歲

未來會如何演變？目前的趨勢是很多人選擇不正式退休，把現職繼續做下去，或是探索新的職涯可能與事業機會。

倫敦商學院（London Business School）的學者安德魯．史考特（Andrew Scott）和琳達．格拉頓（Lynda Gratton）計算出，假如你活超過一百歲，而且每年都存下一成的薪水，那你需要工作到將近九十歲，才能靠著相當於過往一半薪水的退休金和積蓄為生。在許多國家，養老金都相當低，大幅增加了繼續工作的必要性。

所以，除非你開創財源，累積足夠的財富，否則就要認命地工作到七十餘歲。英國的就業與年金部（Department for Work and Pensions）指出，超過七十歲的人有十分之一繼續在工作，除了不想讓體能與精神退化，同樣也有經濟上的考量。

把活過一百歲當成一份禮物，隨著醫學的進步，你在晚年時期有望泰半都健康。持續經營你的投資組合，但風險傾向可以比年輕時保守些。如果時機成熟，經營自己的小生意或找份新工作都是不錯的選項，有持續的收入才不至於坐吃山空。

100

這一切都值得嗎？

「回顧起來只有小小的遺憾，花幾分鐘就能彌補的那種。」

在往後的歲月中，你會後悔今天做過或沒做的是什麼？澳洲的安寧護理師布朗妮・維爾（Bronnie Ware）訪問了數百位臨終病患，並一次又一次聽到相同的事：

- 但願我有勇氣過忠於自己的生活，而不是別人期望我過的生活。
- 但願我沒有工作得那麼賣力。
- 但願我有勇氣表露自己的情緒。
- 但願我有跟朋友保持聯絡。
- 但願我有讓自己比較開心。

在忙著花時間與精力達成財務目標時，不要忘了看看周遭，並感謝你所擁有的一切。

行動方案

不要錯失金錢買不到的東西。

從今天開始，停止對過去或當下的事感到後悔，停止感到沮喪和有愧於心。今天需要做什麼就去做，以便在你的時刻到來時，能平和面對自己所有的選擇與決定。寫日記是與你的決定和計畫保持聯繫的最佳方式，以確保後悔永遠不會成真。尤其要聚焦在這三方面：

一、時間與夢想

你有沒有善用時間，或是需要過得有所不同？你要縮減什麼活動或騰出時間做某些事，即使它沒有產出收入？

二、家人與關係

你想花更多的時光跟誰在一起，誰又需要你較少的時間？你需要如何改變與最親近的人相處的時光質量？

三、道歉與肯定

你有沒有需要向任何人道歉？說對不起是強大、使人淨化的體驗。

最後，你有沒有需要對任何人說謝謝？有時候最親近的人就是你忽略掉的人。

沒有人能獨自創造一個豐富與幸福滿盈的厲害人生。

> 臨終之日到來的那天，致富其實沒有那麼重要，這是將死之人會告訴你的話。

最後……

「換你來了。」

希望本書的想法、練習和建議能激勵你採取行動，並為你的理財之旅提供取得成功的工具。

以此書列出的一百件事為基礎，自行去發現、學習、實驗，並建立適合你的清單。我很樂意保持聯絡，聽聽你是如何變得更富有，無論是在財務上或創造更充實有意義的生活。請以臉書、領英、推特或Instagram與我聯繫。電子郵件請寄至nigel@silkroadpartnership.com。

參考資料

第 3 單元

Charles Schwab & Co., Inc., Modern Wealth Index, https://content.schwab.com/web/retail/public/about-schwab/schwab-modern-wealth-index-2018.pdf (accessed May 2019)

Emolument.com, How much do you need to feel wealthy? https://mailchi.mp/emolument/pressrelease-which-jobs-are-most-likely-to-cause-burn-outs-647429 (accessed May 2019)

第 5 單元

Legg Mason Global Asset Management, Rise of the conviction investor, https://www.leggmason.com/content/dam/legg-mason/documents/en/insights-and-education/brochure/global-investment-survey-brochure.pdf (accessed May 2019)

第 7 單元

Andrew T. Jebb, Louis Tay, Ed Diener and Shigehiro Oishi, Happiness, income satiation and turning points around the world, https://www.nature.com/articles/s41562-017-0277-0 (accessed May 2019)

第 9 單元

Gallup's Annual Economy and Personal Finance survey, Dennis Jacobe, One in three Americans prepare a detailed household budget, https://news.gallup.com/poll/162872/one-three-americans-prepare-detailed-household-budget.aspx (accessed May 2019)

Office for National Statistics, Making ends meet: are households living beyond their means? https://www.ons.gov.uk/economy/nationalaccounts/uksectoraccounts/articles/makingendsmeetarehouseholdslivingbeyondtheirmeans/2018-07-26 (accessed May 2019)

第 10 單元

Business Wire, Fidelity® Survey Finds 86 Percent of Millionaires Are

Self-Made, https://www.businesswire.com/news/home/20120719005724/en/Fidelity%C2%AE-Survey-Finds-86Percent-Millionaires-Self-Made (accessed May 2019)

Dr Nolen-Hoeksema, https://www.nytimes.com/2013/01/14/us/susan-nolen-hoeksema-psychologist-who-studied-depression-in-women-dies-at-53.html. 各式各樣的研究包括：https://www.ncbi.nlm.nih.gov/pmc/articles/PMC3398979/ (accessed May 2019)

Dwayne Johnson – official Twitter account, https://twitter.com/therock/status/1470165687804 96897?lang=en (accessed May 2019)

第 12 單元

Catherine T. Shea, Low on self-control? Surrounding yourself with strong-willed friends may help, *Psychological Science*, https://www.psychologicalscience.org/news/releases/low-on-selfcontrol-surrounding-yourself-with-strong-willed-friends-may-help.html (accessed May 2019)

第 14 單元

Taylor Tepper/Bankrate.com, Most Americans have inadequate savings, but they aren't sweating it, https://www.bankrate.com/banking/savings/financial-security-june-2018/ (accessed May 2019)

Emma Elsworthy, A quarter of British adults have no savings, study reveals, *Independent*, https://www.independent.co.uk/news/uk/home-news/british-adults-savings-none-quarter-debt-costliving-emergencies-survey-results-a8265111.html (accessed May 2019)

Financial Conduct Authority, Understanding the financial lives of UK adults: Findings from the FCA's Financial Lives, Survey 2017, https://www.fca.org.uk/publication/research/financial-livessurvey-2017.pdf (accessed May 2019)

第 17 單元

Miles Brignall, Survey reveals 6m Britons fear never being debt-free with 25% struggling to make ends meet and 62% worried about personal debt levels, https://www.theguardian.com/money/2017/oct/30/average-uk-debt-at-8000-per-person-not-including-the-mortgage (accessed May 2019)

Matt Tatham/Experian Information Services, Inc., A look at US consumer credit card debt, https://www.experian.com/blogs/ask-experian/state-of-credit-cards/ (accessed May 2019)

第 20 單元

Dalton Conley, https://www.neatorama.com/2008/09/05/rich-people-work-longer-hours-thanpoor-people-do/ and https://www.nytimes.com/2008/09/02/opinion/02conley.html (accessed May 2019)

Daniel Kahneman and Angus Deaton, High income improves evaluation of life but not emotional well-being, https://www.princeton.edu/~deaton/downloads/deaton_kahneman_high_income_improves_evaluation_August2010.pdf (accessed May 2019)

Mihaly Csikszentmihalyi, see https://en.wikipedia.org/wiki/Mihaly_Csikszentmihalyi (accessed May 2019)

第 25 單元

Credit Suisse, Global Wealth Report 2018, https://www.credit-suisse.com/corporate/en/research/research-institute/global-wealth-report.html (accessed May 2019)

One in three pensioners living well below the poverty line, says report, *The Guardian*, https://www.theguardian.com/australia-news/2016/sep/15/one-in-three-pensioners-living-well-below-the-poverty-line-says-report (accessed May 2019)

Ekaterina Bystrova, Syndicate Room/FTI Consulting, https://www.syndicateroom.com/learn/investor-tools-reports/big-investor-survey-2018 (accessed May 2019)

第 27 單元

Soyoung Q. Park, Thorsten Kahnt, Azade Dogan, Sabrina Strang, Ernst Fehr and Philippe N. Tobler, *Nature Communications*, A neural link between generosity and happiness, https://www. nature.com/articles/ncomms15964 (accessed May 2019)

Brent Simpson (University of South Carolina) and Robb Willer (University of California, Berkeley), Altruism and indirect reciprocity: the interaction of person and situation in prosocial behaviour, https://greatergood.berkeley.edu/images/uploads/Simpson-AltruismReciprocity.pdf (accessed May 2019)

第 31 單元

Thomas C. Corley, I spent 5 years studying poor people and here are 4 destructive money habits they had, http://richhabits.net/i-spent-5-years-studying-poor-people-and-here-are-4-destructive-money-habits-they-had/ (accessed May 2019)

第 33 單元

Eugene O'Kelly (Afterword by Corinne O'Kelly), *Customers who Viewed Chasing Daylight: How My Forthcoming Death Transformed My Life* (first edition), USA: McGraw-Hill Education (15 October 2007)

第 39 單元

Chris Taylor, Reuters, 70% of rich families lose their wealth by the second generation, http://money.com/money/3925308/rich-families-lose-wealth/ (accessed May 2019)

US Trust Insights on Wealth and Worth (2015), https://newsroom.bankofamerica.com/press-releases/global-wealth-and-investment-management/us-trust-study-high-net-worth-investors (accessed May 2019)

第 42 單元

Himalayan Database, https://www.himalayandatabase.com/ (accessed May 2019)

第 43 單元

The Luck Factor, Richard Wiseman (Miramax, 2003)

第 46 單元

研究細節可查詢 https://www.aaii.com/journal/article/trading-more-frequently-leads-to-worse-returns (accessed May 2019)，引自 Brad M. Barber and Terrance Odean, 'Trading is hazardous to your wealth: the common stock investment performance of individual investors', *The Journal of Finance*,

Volume LV, Number 2, April 2000. © John Wiley & Sons.

第 48 單元

Amy J. C. Cuddy, S. Jack Schultz, Nathan E. Fosse, P-Curving a more comprehensive body of research on postural feedback reveals clear evidential value for power-posing effects: reply to Simmons and Simonsohn (2017) *Psychological Science*, https://journals.sagepub.com/eprint/CzbNAn7Ch6ZZir-K9yMGH/full

Michael W. Kraus and Dacher Keltner, Rich man, poor man: study shows body language can indicate socioeconomic status, https://www.psychologicalscience.org/news/releases/rich-manpoor-man-study-shows-body-language-can-indicate-socioeconomic-status.html (accessed May 2019)

Spencer D. Kelly, Sarah Ward, Peter Creigh and James Bartolotti, An intentional stance modulates the integration of gesture and speech during comprehension, *Brain and Language*, http://www.colgate.edu/portaldata/imagegallery/faculty/90382552/imagegallery/faculty/Kelly,%20 Creigh%20and%20Bartolotti%202007.pdf (accessed May 2019)

Janine Willis and Alexander Todorov, First impressions: making up your mind after a 100-ms exposure to a face, https://www.princeton.edu/news/2006/08/22/snap-judgments-decide-facescharacter-psychologist-finds (accessed May 2019)

G.L. Stewart, S.L. Dustin, M.R. Barrick and T.C. Darnold, Exploring the handshake in employment interviews, *Journal of Applied Psychology* (September 2008), https://www.ncbi.nlm.nih.gov/pubmed/18808231 (accessed May 2019)

Careerbuilder.com (2010) http://www.careerbuilder.com/share/aboutus/pressreleasesdetail.aspx ?sd=7%2F29%2F2010&id=pr581&ed=12%2F31%2F2010 (accessed May 2019)

第 52 單元

Jonah Berger (University of Pennsylvania), *Contagious: Why Things Catch* (Simon & Schuster, 2013)

第 53 單元

How the 0.001% invest, *The Economist* (15 December 2018), https://www.economist.com/leaders/2018/12/15/how-the-0001-invest (accessed May 2019)

第 56 單元

Bill Gates interview with *Time* (2017), http://time.com/4786837/bill-gates-books-reading/ (accessed May 2019)

Richard Branson blog (15 December 2017), https://www.virgin.com/richard-branson/readlead-0 (accessed May 2019)

Pew Research Center, The rising cost of not going to college, https://www.pewsocialtrends.org/2014/02/11/the-rising-cost-of-not-going-to-college/ (accessed: May 2019)

Department of Education, UK, Graduate labour market statistics (2016), https://assets.publishing.service.gov.uk/government/uploads/system/uploads/attachment_data/file/610805/GLMS_2016_v2.pdf (accessed May 2019)

第 60 單元

Accenture (2015), https://newsroom.accenture.com/industries/global-media-industry-analystrelations/accenture-research-finds-listening-more-difficult-in-todays-digital-workplace.htm (accessed May 2019)

Ralph G. Nichols (University of Minnesota) and Leonard A. Stevens, Listening to people, *Harvard Business Review*, https://hbr.org/1957/09/listening-to-people (accessed May 2019)

第 61 單元

Jeremy Kahn and Martijn Van Der Starre, Google lowered 2015 taxes by $3.6 billion using 'Dutch Sandwich', Bloomberg, https://www.bloomberg.com/news/articles/2016-12-21/googlelowered-2015-taxes-by-3-6-billion-using-dutch-sandwich (accessed May 2019)

第 62 單元

United States Census Bureau, Income and Poverty in the United States: 2017, https://www.census.gov/library/publications/2018/demo/p60-263.html

(accessed May 2019)

第 **63** 單元

Bill Gates video interview at *The David Rubenstein Show: Bill Gates* (17 October 2016), https://www.bloomberg.com/news/videos/2016-10-17/the-david-rubenstein-show-bill-gates. Referenced online e.g. at: https://www.businessinsider.com/bill-gates-splurge-porsche-911-microsoft-money-2016-10?r=US&IR=T (accessed May 2019)

Warrant Buffett quote, https://www.goodreads.com/quotes/7374480-if-you-buy-things-youdo-not-need-soon-you (accessed May 2019)

第 **65** 單元

Barbara L Fredrickson, The broaden–and–build theory of positive emotions, The Royal Society (September 2019), https://www.ncbi.nlm.nih.gov/pmc/articles/PMC1693418/ (accessed May 2019)

Martin E. Seligman and Peter Schulman, Explanatory style as a predictor of productivity and quitting among life insurance sales agents, *Journal of Personality and Social Psychology* (April 1986), https://www.researchgate.net/publication/232497771_Explanatory_Style_as_a_Predictor_of_ Productivity_and_Quitting_Among_Life_Insurance_Sales_Agents (accessed May 2019)

Gabrielle Oettingen quote from https://www.cnbc.com/2017/10/05/why-should-you-be-highly-optimistic-if-you-want-to-be-successful.html (accessed May 2019)

第 **66** 單元

Benjamin Graham, *The Intelligent Investor: The Definitive Book on Value Investing* (Collins Business Essentials, 2006)

Julian Wadley, The improvements that add value to your house (July 2017), https://blog.zopa.com/2017/07/18/improvements-that-add-value-to-your-house/ (accessed May 2019)

第 **67** 單元

MBO Partners, State of Independence, https://www.mbopartners.com/wp-content/uploads/2019/02/State_of_Independence_2018.pdf (accessed: May

2019)

Maximilian Yoshioka, How entrepreneurial was the UK in 2015?, Centre for Entrepreneurs (January 2016), https://centreforentrepreneurs.org/how-entrepreneurial-was-the-uk-in-2015/ (accessed May 2019)

Department for Business, Energy and Industrial Strategy. Business population estimates for the UK and regions 2018 (October 2018), https://assets.publishing.service.gov.uk/government/uploads/system/uploads/attachment_data/file/746599/OFFICIAL_SENSITIVE_-_BPE_2018_-_statistical_release_FINAL_FINAL.pdf (accessed May 2019)

Kristin Pryor, Here are the startup failure rates by industry, https://tech.co/news/startup-failurerates-industry-2016-01 (accessed May 2019)

第 **68** 單元

現成網路統計於 https://www.internetworldstats.com/stats.htm（數字持續即時變動）(accessed May 2019)

Simon Kemp, Digital in 2018: world's internet users pass the 4 billion mark, https://wearesocial.com/blog/2018/01/global-digital-report-2018 (accessed May 2019)

第 **71** 單元

Amy Guttman, A successful VC and founder says intuition is everything, *Forbes*, https://www.forbes.com/sites/amyguttman/2015/09/28/a-successful-vc-and-founder-says-intuition-iseverything/ (accessed May 2019)

第 **72** 單元

Brad M. Barber (University of California, Davis) and Terrance Odean (University of California, Berkeley - Haas School of Business), The behavior of individual investors (7 September 2011), https://papers.ssrn.com/sol3/papers.cfm?abstract_id=1872211 (accessed May 2019)

第 **74** 單元

Ho Law, Sara Ireland and Zulfi Hussain, *The Psychology of Coaching, Mentoring and Learning* (first edition) (Wiley, 2007)

Credit Suisse, Global Wealth Report 2018, https://www.credit-suisse.

com/corporate/en/research/research-institute/global-wealth-report.html (accessed May 2019)

第 75 單元

Russel Kinnel, Mind the gap: why investors lag funds, *Morningstar* (February 2013), https://www.morningstar.com/articles/582626/mind-the-gap-why-investors-lag-funds.html (accessed May 2019)

John Authers, Investor returns are all about the timing, *Financial Times*, https://www.ft.com/content/338eea6c-e8db-11e4-b7e8-00144feab7de (accessed May 2019)

Fund managers rarely outperform the market for long, *The Economist*, https://www.economist.com/finance-and-economics/2017/06/24/fund-managers-rarely-outperform-the-market-forlong (accessed May 2019)

第 76 單元

7 bad habits truly wealthy people never have, https://www.inc.com/quora/7-bad-habits-trulywealthy-people-never-have.html (accessed May 2019)

統計資料：(US) https://www.statista.com/statistics/186833/average-television-use-perperson-in-the-us-since-2002/; (UK) https://www.statista.com/statistics/528255/uk-surveyhours-spent-watching-tv-weekly/ (accessed May 2019)

T.S. Conner, K.L. Brookie, A.C. Richardson and M.A. Polak, On carrots and curiosity: eating fruit and vegetables is associated with greater flourishing in daily life, *British Journal of Health Psychology* (May 2015), https://www.ncbi.nlm.nih.gov/pubmed/25080035 (accessed May 2019)

Candice L. Hogan, Jutta Mata and Laura L. Carstensen, Exercise holds immediate benefits for affect and cognition in younger and older adults, *Psychology and Aging* (June 2013) https://www.ncbi.nlm.nih.gov/pmc/articles/PMC3768113/ (accessed May 2019)

第 77 單元

L. Ganzini, B.H. McFarland and D. Cutler, Prevalence of mental disorders after catastrophic financial loss, *Journal of Nervous and Mental Disease* (November 1990), https://www.ncbi.nlm.nih.gov/pubmed/2230754 (accessed

May 2019)

Melissa McInerney, Jennifer M. Mellor and Lauren Hersch Nicholas, Recession depression: mental health effects of the 2008 stock market crash, *Journal of Health Economics* (December 2013) https://www.ncbi.nlm.nih.gov/pmc/articles/PMC3874451/ (accessed May 2019)

第 **79** 單元

Syndicate Room, The big investor survey 2018, https://www.syndicate-room.com/learn/investortools-reports/big-investor-survey-2018 (accessed May 2019)

Asset Allocation Survey, https://www.aaii.com/assetallocationsurvey（本項即時調查的數字在該站上會有所變動）

第 **80** 單元

Daniel C. Molden and Chin Ming Hui (Northwestern University), Promoting de-escalation of commitment: a regulatory-focus perspective on sunk costs (2011), https://www.psychology.northwestern.edu/documents/faculty-publications/molden-%20hui_2011.pdf (accessed May 2019)

第 **81** 單元

Morgan Stanley, 84% of Millennial investors interested in sustainable investing, https://sustaincase.com/morgan-stanley-84-of-millennial-investors-interested-in-sustainable-investing/ (accessed May 2019)

UBS Investor Watch, *Global insights: What's on investors' minds?* Volume 2 (2018), https://www.ubs.com/content/dam/ubs/microsites/ubs-investor-watch/IW-09-2018/return-on-valueglobal-report-final.pdf (accessed May 2019)

Schroders Institutional, Investor Study 2018, Institutional perspectives on sustainable investing, https://www.schroders.com/en/sysglobalassets/schroders_institutional_investor_study_sustainability_report_2018.pdf (accessed May 2019)

Mark Haefele, Sustainable investing can propel long-term returns (September 2018), https://www.ft.com/content/292ecaa7-294c-3a4b-bde6-a7a744cb85a9 (accessed May 2019)

Sarah Moore, Fit for the future: how ethical investing went mainstream, *Money Week* (15 February 2018), https://moneyweek.com/481615/sri-esg-how-ethical-and-sustainable-investing-went-mainstream/ (accessed: May 2019)

第 **82** 單元

Pierre Azoulay (MIT and NBER), Benjamin F. Jones (Northwestern University and NBER), J. Daniel Kim (MIT) and Javier Miranda (US Census Bureau), Age and high-growth entrepreneurship (23 March 2018), https://www.kellogg.northwestern.edu/faculty/jones-ben/htm/Age%20and%20High%20Growth%20Entrepreneurship.pdf (accessed May 2019)

第 **83** 單元

6 million UK households could not survive until the weekend on savings according to First Direct, Social Media Newsroom (9 January 2012), https://www.newsroom.firstdirect.com/press/release/6_million_uk_households_could (accessed: May 2019)

第 **85** 單元

Marc Alpert and Howard Raiffa (1982) A progress report on the training of probability assessors. In Daniel Kahneman, Paul Slovic, Amos Tversky *Judgment Under Uncertainty: Heuristics and Biases* (Cambridge University Press, 1982), https://philpapers.org/rec/ALPAPR (accessed: May 2019)

Stav Atir, Emily Rosenzweig and David Dunning, When knowledge knows no bounds: self-perceived expertise predicts claims of impossible knowledge, *Psychological Science* (14 July 2015), https://journals.sagepub.com/doi/abs/10.1177/0956797615588195 (accessed: May 2019)

Brad M. Barber and Terrance Odean, Boys will be boys: gender, overconfidence, and common stock investment, https://faculty.haas.berkeley.edu/odean/Papers%20current%20versions/BoysWillBeBoys.pdf (accessed May 2019)

Daniel Kahneman, *Thinking, Fast and Slow* (Farrar, Straus and Giroux, 2013)

Brad M. Barber (University of California, Davis) and Terrance Odean (University of California, Berkeley – Haas School of Business), Trading is hazardous to your wealth: the common stock investment performance of individual investors (12 April 2000), https://papers.ssrn.com/sol3/papers.cfm?abstract_id=219228 (accessed May 2019)

Alicia R. Williams and S. Kathi Brown, 2017 Retirement Confidence Survey, AARP Research (December 2017), https://www.aarp.org/content/dam/aarp/research/surveys_statistics/econ/2017/2017-retirement-confidence.doi.10.26419%252Fres.00174.001.pdf (accessed May 2019)

James Montier, Behaving badly, Global Equity Strategy, DrKW Macro research (February 2006), https://www.kellogg.northwestern.edu/faculty/weber/decs-452/behaving_badly.pdf (accessed May 2019)

第 **87** 單元

Adam Bryant, *The Corner Office: Indispensable and Unexpected Lessons from CEOs on How to Lead and Succeed* (first edition), (Times Books, 2011)

Francesca Gino, The business case for curiosity, *Harvard Business Review*, https://hbr. org/2018/09/curiosity (accessed May 2019)

Paul Carrick Brunson, I've worked for two billionaires. Here's what I learned from them (18 March 2016), https://www.linkedin.com/pulse/ive-worked-two-billionaires-heres-what-ilearned-from-brunson/ (accessed May 2019)

Legg Mason Global Asset Management, Legg Mason Global Investment Survey (2018), https://www.leggmason.com/content/dam/legg-mason/documents/en/insights-and-education/brochure/global-investment-survey-brochure.pdf (accessed May 2019)

Jamie Ballard, 79% of Americans are familiar with at least one kind of cryptocurrency, YouGov (September 2018), https://today.yougov.com/topics/technology/articles-reports/2018/09/06/cryptocurrency-bitcoin-popular-americans (accessed May 2019)

第 **89** 單元

Roger Fisher, William L. Ury and Bruce Patton, *Getting to Yes: Negotiating Agreement Without Giving In* (Penguin Books, 1991)

第 **90** 單元

Emotional Intelligence Can Boost Your Career And Save Your Life, TalentSmart, https://www.talentsmart.com/articles/Emotional-Intelligence-Can-Boost-Your-Career-And-Save-Your-Life915340665-p-1.html (accessed May 2019)

Gregory J. Feist (San Jose State University) and Frank X Barron, Predicting creativity from early to late adulthood: Intellect, potential, and personality, *Journal of Research in Personality* 37(2):62– 88 (April 2003), https://www.researchgate.net/publication/222085214_Predicting_creativity_from_early_to_late_adulthood_Intellect_potential_and_personality (accessed May 2019)

Joseph C. Rode (Miami University), Marne L. Arthaud-Day (Kansas State University), Aarti Ramaswami (École Supérieure des Sciences Economiques et Commerciales) and Satoris Howes, A time-lagged study of emotional intelligence and salary, *Journal of Vocational Behavior 101* (May 2017), https://www.researchgate.net/publication/316816644_A_time-lagged_study_of_emotional_intelligence_ and_salary (accessed May 2019)

第 **91** 單元

S. McMains and S. Kastner, Interactions of top-down and bottom-up mechanisms in human visual cortex, *Journal of Neuroscience* (January 2011), https://www.ncbi.nlm.nih.gov/pubmed/21228167 (accessed May 2019)

第 **96** 單元

Oscar Jord, Katharina Knoll, Dmitry Kuvshinov, Moritz Schularick and Alan M. Taylor The Rate of Return on Everything, 1870–2015 (March 2019), https://economics.harvard.edu/files/economics/files/ms28533.pdf (accessed May 2019)

The Schwab Center for Financial Research, http://retirementdesk.com/wp-content/uploads/schwab-charts-through-06302011.pdf (accessed May 2019)

第 **98** 單元

31 million UK adults at risk of dying without a will, unbiased (2 October

2017) https://business.unbiased.co.uk/press-releases/31-million-uk-adults-at-risk-of-dying-without-awill-2-10-2017 (accessed May 2019)

第 99 單元

Renee Stepler, World's centenarian population projected to grow eightfold by 2050, Pew Research Center, https://www.pewresearch.org/fact-tank/2016/04/21/worlds-centenarianpopulation-projected-to-grow-eight-fold-by-2050/ (accessed May 2019)

Office for National Statistics, What are your chances of living to 100? (14 January 2016) https://www.ons.gov.uk/peoplepopulationandcommunity/birthsdeathsandmarriages/lifeexpectancies/articles/whatareyourchancesofliv-ingto100/2016-01-14 (accessed May 2019)

Joop de Beer, Anastasios Bardoutsos and Fanny Janssen, Maximum human lifespan may increase to 125 years, *Nature*, 546: E16–E17 (29 June 2017) https://www.nature.com/articles/nature22792?draft=collection&platform=oscar (accessed May 2019)

第 100 單元

Bronnie Ware, *The Top Five Regrets of the Dying: A Life Transformed by the Dearly Departing* (Hay House, 2012)

big 336

有錢人都在做的 100 件事：小改變累積大財富

作　　者—尼格爾・康貝朗（Nigel Cumberland）
譯　　者—戴至中
主　　編—陳家仁
編　　輯—黃凱怡
企劃編輯—藍秋惠
協力編輯—巫立文
封面設計—木木林
版面設計—賴麗月
內頁排版—林鳳鳳

總 編 輯—胡金倫
董 事 長—趙政岷
出 版 者—時報文化出版企業股份有限公司
108019 臺北市和平西路三段 240 號 4 樓
發行專線—（02）2306-6842
讀者服務專線— 0800-231-705、（02）2304-7103
讀者服務傳真—（02）2302-7844
郵撥— 19344724 時報文化出版公司
信箱— 10899 臺北華江橋郵局第 99 信箱
時報悅讀網— http://www.readingtimes.com.tw
法律顧問—理律法律事務所 陳長文律師、李念祖律師
印　　刷—紘億印刷有限公司
初版一刷— 2020 年 9 月 11 日
定　　價—新臺幣 420 元
（缺頁或破損的書，請寄回更換）

100 THINGS MILLIONAIRES DO by Nigel Cumberland

時報文化出版公司成立於一九七五年，
並於一九九九年股票上櫃公開發行，於二〇〇八年脫離中時集團非屬旺中，
以「尊重智慧與創意的文化事業」為信念。

ISBN 978-957-13-8321-7
Printed in Taiwan

有錢人都在做的100件事 : 小改變累積大財富 / 尼格爾.康貝朗 (Nigel Cumberland)著 ; 戴至中譯. -- 初版. -- 臺北市 : 時報文化, 2020.09
416 面 ;14.8x21公分. -- (big ; 336)
譯自 : 100 things millionaires do : little lessons in creating wealth.
ISBN 978-957-13-8321-7(平裝)

1.個人理財 2.投資

563　　109011297